Jochen Arnold

"...davon ich singen und sagen will..."

Jochen Arnold

"...davon ich singen und sagen will..."

Predigten mit Musik und zu besonderen Gelegenheiten

Fromm Verlag

Impressum / Imprint
Bibliografische Information der Deutschen Nationalbibliothek: Die Deutsche Nationalbibliothek verzeichnet diese Publikation in der Deutschen Nationalbibliografie; detaillierte bibliografische Daten sind im Internet über http://dnb.d-nb.de abrufbar.

Bibliographic information published by the Deutsche Nationalbibliothek: The Deutsche Nationalbibliothek lists this publication in the Deutsche Nationalbibliografie; detailed bibliographic data are available in the Internet at http://dnb.d-nb.de.

Coverbild / Cover image: www.ingimage.com

Verlag / Publisher:
Fromm Verlag
ist ein Imprint der / is a trademark of
OmniScriptum GmbH & Co. KG
Heinrich-Böcking-Str. 6-8, 66121 Saarbrücken, Deutschland / Germany
Email: info@frommverlag.de

Herstellung: siehe letzte Seite /
Printed at: see last page
ISBN: 978-3-8416-0496-5

Inhalt

Danksagung

Als der Fromm-Verlag vor ungefähr einem Jahr an mich mit der Idee herantrat, einen Predigtband zu veröffentlichen, habe ich zunächst gezögert. Für einen, der seit mehr als einem Jahrzehnt Liturgik und Homiletik in Forschung, Ausbildung und Fortbildung vertritt, aber nicht in der Regelmäßigkeit predigt wie die Kolleginnen und Kollegen im Pfarramt, scheint es ein gewisses Risiko, sich von der ganz praktischen Seite zu zeigen.

Und doch habe ich nach einigem Nachdenken zugesagt. Mit eigenem Gewinn. Ich danke dem Verlag, namentlich Frau Claudia Kaiser, für die freundliche Unterstützung bei der Herstellung des Manuskripts und meiner Mutter Renate Arnold für die sorgfältige Korrektur.

Ich wünsche den Leserinnen und Lesern viel Freude und Anregungen für das eigene Predigen.

Das Buch ist meinen Kolleginnen und Kollegen im Michaeliskloster Hildesheim gewidmet, die mich während meines beruflichen Werdegangs an vielen Stellen inspiriert und begleitet haben. Das gilt auch für meine Predigten, die ohne die *Musica* und die *Musici* vermutlich nur halb so viel bewegen könnten.

Zuletzt jedoch gilt, was schon J.S. Bach unter seine Partituren schrieb und auch uns heute gut ansteht: *Soli Deo Gloria.*

Hildesheim, im August 2014

Einleitung

Predigten mit Musik und Predigten zu besonderen Anlässen – das Ganze unter dem Motto Luthers: „... davon ich singen und sagen will". Damit ist das Motto und der Leitfaden dieses Büchleins benannt. In der berühmten Spielmannsformel geht das Singen dem Sagen sogar voraus: für viele Pfarrerinnen und Pfarrer ein Überraschung. Deshalb habe ich auch die Musikpredigten den Kasualansprachen vorangestellt.

Meine Musikpredigten aus den letzten ca. zehn Jahren sind unter verschiedene Überschriften versammelt. Die Gelegenheiten werden dabei auch transparent gemacht: Es handelt sich um klassische Sonntags- oder Festtagspredigten, Kantatengottesdienste, Liedpredigten, aber auch um besondere Anlässe wie ein Missionsfest oder Paul Gerhardts Geburtstag. Die Stücke der Liturgie (Kyrie, Gloria und Sanctus) werden genauso in den Blick genommen wie einzelne Musikstücke (besonders J.S. Bachs) und Lieder, insbesondere Paul Gerhardts (z.B. *Ich singe dir mit Herz und Mund* (EG 324). Klassische biblische Bezugstexte sind immer wieder 2. Mose 15,21 (Miriamlied); Jesaja 6 (Sanctus) und die Psalmen 19; 96 und 98 sowie Kolosser 3,16f und Epheser 5,19f, darüber hinaus die Bibel- und Gesangbuchvorreden Luthers.
Zwischendurch findet sich eine Auslegung zu Lukas 24, einem meiner Lieblingstexte im Neuen Testament.
Ein gewisser „hymnischer Tonfall" mag den einen oder die andere in der Diktion überraschen. Das ist zugegebenermaßen manchmal ein bisschen mehr, als man sich sonst (auf der Kanzel und erst recht im Hörsaal) zu sagen traut und gewiss dem geschuldet, dass wir es vielfach mit besonders schönen Texten oder Liedern zu tun haben. Sie bringen die Freude an Gott, die Begeisterung für Jesus Christus und die Liebe zur Gemeinschaft der Glaubenden zum Ausdruck.
Ein Sonderfall ist der Literaturgottesdienst zum Reformationstag (Huck Finn). Hier ist nicht nur die Predigt abgedruckt, sondern auch einzelne zusammengefasste Passagen des Buches samt einschlägigen Spirituals und Gemeindeliedern.
Die Kasualansprachen und Andachten im letzten Teil können das Bild abrunden. Vielleicht wird dadurch der Mensch und Seelsorger Jochen Arnold präsent, der sich – wie man immer wieder feststellen kann – auch für Fußball begeistert. Ich wünsche viel Freude bei der Lektüre!

Klänge einer neuen Welt (Psalm 96)[1]

I Der stillste Tag im Jahr!?

Liebe Gemeinde,

Weihnachten ist der stillste Tag im Jahr, dichtete Rainer Maria Rilke.
Ob Sie dem zustimmen? Ein stiller Tag, der stillste gar? Oder denken Sie eher:
Weihnachten ist ein Tag des Machens und Tuns, des Redens miteinander am Esstisch, in der Küche. Ein Tag des Erzählens von den vergangenen Wochen und Monaten, ein Tag der Familiengeschichten mit Kinderlachen und großen Augen, ein Tag vielleicht auch des Vermissens, der Enttäuschung, an dem sich Hoffnungen in Erinnerung bringen und Träume erfüllen – oder im Streit untergehen.
Weihnachten ist nicht überall der stillste Tag im Jahr, aber oft ein Tag der stillen Träume.
Und jetzt auch noch ein Psalm, der so gar nicht in das meditative Bild passt, sondern geradezu monumental und kraftvoll daherkommt:
Singet dem Herrn!
Erzählet unter den Heiden von seiner Herrlichkeit,
unter allen Völkern von seinen Wundern.

Bleiben wir doch einmal beim Anfang: *Singet!*
Will sagen: Weihnachten ohne Musik, das geht gar nicht! Das finden sogar die Leute auf der Straße, egal ob sie zur Kirche gehören oder nicht…
Jingle Bells auf dem Weihnachtsmarkt und *Stille Nacht* in der Einkaufspassage, das muss sein. Stimmt. Und „dem Herrn“ ist auch nicht verkehrt. Das sagt jedenfalls eine neue empirische Untersuchung der Universität Paderborn. Menschen sind im Advent und an Weihnachten auf Kirchenmusik besonders ansprechbar.
89 % singen gerne oder sogar sehr gerne im Gottesdienst.

II Singen ist Herzenssache

Und warum tun sie das? Eine Antwort könnte sein: Weil sie auf der Suche sind nach Frieden und nach Hoffnung. Oder: Weil sie ihre Sehn-

[1] Hildesheim, St. Michael 2011.

süchte am liebsten in Tönen ausgedrückt wissen wollen. Oder sagen wir es anders: weil Gesang Herzenssache ist.
Einer, der davon viel Ahnung hatte, war Paul Gerhardt.
Er dichtete: „Ich singe dir mit Herz und Mund". Damit ist eine klare Kommunikationsrichtung vorgegeben: Es gibt einen Absender: *Ich.* Und einen Empfänger: *Du.* Ich singe nicht nur für mich allein, sondern (auch) für ein Gegenüber.
Singen ist also nicht nur etwas Persönliches, sondern auch etwas Beziehungshaftes. Es hat eine Innen- und eine Außenseite. Ja, Singen muss auch lautwerden, denn Musik *gehört gehört.*

III Christus singt durch uns
Dazu fallen mir Worte aus dem Kolosserbrief ein:
Das Wort Christi wohne in seinem ganzen Reichtum unter euch.
Lehrt und ermutigt einander mit Psalmen, Hymnen und lieblichen Geistliedern, [- die Außenseite –]
singt und spielt Gott dankbar in euren Herzen [die Innenseite].
Demnach sind wir beides: Absender und Empfänger einer musikalischen Botschaft. Der Absender und der Inhalt ist Christus selbst. Er wird Fleisch und Blut durch unser Singen und Musizieren. Ein ebenso kühner wie schöner Gedanke! Christus wird Mensch durch unsere Stimmen, durch unser Singen hindurch!

Damit das geht, brauchte es einen entscheidenden Schritt. Eine Bewegung von oben. Gott selbst hat diese Wunder der Menschwerdung vollbracht. Mit seinem Erscheinen höchstpersönlich inmitten der Menschen, aber ganz im Verborgenen. Lukas hält seine Erzählkamera drauf: Unfassbar ist das Wunder: Gott mit kleinen Händen und Füßen. Verletzlich, eine Handvoll Leben, ganz groß. In Windeln.
Wunderbarlich sind seine Werke.

Hören wir dazu Musik: Eine Vertonung von Andreas Hammerschmidt, vier Stimmen, ein Sopran, zwei Tenöre und ein Bass, jubilieren um die Wette.

Vierstimmige Motette *Singet dem Herrn*[2]

---

[2] *CD Machet die Tore weit (Stuttgart, Carus 2011).*

Nach dem Aufgesang der Engel auf dem Feld von Bethlehem, nach dem zarten, vielleicht auch krächzenden Echo der Hirten, soll gleichsam das Orchestertutti, der oratorische Lobgesang einsetzen! Und wir sind die Animateure. Christen dürfen die Cantores sein und die Völker, ja sogar alle Völker, mit ins Lob hineinnehmen. Wer einmal beim Schlussgottesdienst auf dem Kirchentag 100 000 gehört hat, weiß wie solch ein Völkerchor sich anhört. Und dann sollen es gar einmal acht oder zehn Milliarden sein!?

Singet dem HERRN ein ***neues*** *Lied;*
singet dem HERRN, ***alle*** *Welt!*
Singet dem HERRN und lobet seinen Namen,
verkündet von Tag zu Tag sein Heil! (V.1.2)

IV Der Klang der neuen Welt

Worauf es dem Psalmsänger ankommt, ist unschwer zu merken. Ein Wort strahlt heraus und klingt nach. Es steht zwar mittendrin, aber es ist die Hauptsache: Singet dem Herrn ein **neues** Lied! Ein Lied, das es so bisher nicht gab.
Ein Lied, das vielleicht noch alten Formen und Traditionen und Worten nutzt, das die Welt und die Harmonielehre nicht neu erfindet, das aber doch un-erhört neu klingt. Hört zu! Achtet auf dieses eine kleine Wort „neu“, das sich in die alten Worte und Töne hineingeschrieben, hineingeschoben hat.
Gott selbst schiebt sich mit Macht in das Alte hinein, kommt in die Welt mit all ihren Abgründen und Verführungen, die aber seine Welt geblieben ist. Seid achtsam! Der Klang der neuen Welt ist schon da, hört und seht wie sich Menschen übers Jahr verändert haben.

Erzählt unter den Heiden von seiner Herrlichkeit,
unter allen Völkern von seinen Wundern!
Denn der HERR ist groß und hoch zu loben,
mehr zu fürchten als alle Götter.
Denn alle Götter der Völker sind Götzen;
aber der HERR hat den Himmel gemacht.
Hoheit und Pracht sind vor ihm,
Macht und Herrlichkeit in seinem Heiligtum.

Der Beter diskutiert nicht, er streitet nicht über das Vorhandensein anderer Götter. Er ist auf seine eigene Art realistisch. Damals im alten Orient waren es Sonne, Mond und Sterne, Marduk, Isis und Osiris. Heute sind es – die Gesetze der Märkte, die Kurse der Börse und die Zinssätze der Banken. Der Psalmist kennt die Welt und hält dagegen und sagt:
Die Macht, die diese Welt im Innersten zusammenhält, ist Gott, ein Gott.

Wir Christen glauben: Sein Menschwerden, sein Zur-Welt-Kommen signalisiert, dass ihm der alte Globus nicht egal ist. Dass er sich für uns nicht zu schade ist. Wer dies zu Ende denkt, wer die ganze Welt mit dem sich herabneigenden Gott in Beziehung bringt, kann nicht beim eigenen Selbst stehen bleiben oder bei der Handvoll Leute, die ähnlich denken und glauben. Wer das große Herz Gottes schlagen - für diese Welt schlagen - hört, achtet auch auf andere Menschen und andere Völker. Ja, noch mehr: Er entdeckt in ihnen potenzielle Mitsänger. So fremd sie auch sind, sie werden im Psalm zum Mitsingen und Mitloben animiert:

V Die ganze Welt soll einstimmen

Ihr Völker, bringet dar dem HERRN,
bringet dar dem HERRN Ehre und Macht!
Bringet dar dem HERRN die Ehre seines Namens,
bringet Geschenke und kommt in seine Vorhöfe!
Betet an den HERRN in heiligem Schmuck; es fürchte ihn alle Welt!
Sagt unter den Heiden: Der HERR ist König.

Und es stimmt. Sie kamen tatsächlich, so erzählt die Weihnachtsgeschichte: weise Männer aus dem Osten, aus dem Morgenland. Welche Religion sie hatten? Keine Ahnung. Welchen Beruf? Vielleicht Sterndeuter, Astrologen, Naturwissenschaftler? Wir wissen es nicht. Aber sie kommen nicht mit leeren Händen. Sie bringen Geschenke mit für den König: Gold, Weihrauch und Myrrhe. Vor dem neugeborenen Kind fallen sie nieder und beten es an.
Sagt unter den Heiden: Jahwe ist König. Das heißt: Die Türen des Zion-Tempels sind geöffnet. Menschen aus allen Völkern sollen das Heil Gottes sehen und von Gott erzählen. Was sollen sie erzählen?

Er hat den Erdkreis gegründet, dass er nicht wankt.
Er richtet die Völker recht.
Der Himmel freue sich, und die Erde sei fröhlich,

das Meer brause und was darinnen ist;
das Feld sei fröhlich und alles, was darauf ist.
Es sollen jauchzen alle Bäume im Walde vor dem HERRN;
denn er kommt, denn er kommt, zu richten das Erdreich.

Sie sollen vom Sound der versöhnten Welt erzählen: Himmel und Erde künden davon, das Festland und das Wasser alle sind dabei:
Flöten spielen hohe Himmelstöne, die Kontrabässe grundieren den Untergrund des heranrollenden Meeres und die Geigen und Celli das Streichen, das Biegen und Jauchzen der Bäume. Eine kosmische Symphonie ist das, die zuläuft auf einen Satz:

Er wird den Erdkreis richten mit Gerechtigkeit
und die Völker mit seiner Wahrheit.

Ja, auch dieser letzte Satz gehört dazu. Nicht als Drohung, sondern als große unbescheidene Hoffnung: Der Hoffnung, dass die Welt zurechtgerückt wird und es in ihr gerechter zugeht, weil Gott selbst sich einmischt. Und deshalb richtig und falsch endlich unterschieden werden können. Und die Wahrheit zählt und ans Licht kommt und am Horizont zu sehen ist, was passieren wird. Ja, Gott kommt.

VI Singt es neu, das Lied des Lebens
Darum singt ihn neu den Psalm, mit neuen Worten und Tönen.
Schaut in die Krippe und bestaunt Gott selbst mit Händen und Füßen!
Macht euch mit den Hirten auf und betet ihn an.
Lasst euch neu vom Gloria der Engel inspirieren und nehmt die Gedanken, Lieder und Gebete mit in eure Häuser und Herzen.
Vielleicht wird die Melodie eures Lebens dann kräftiger und forscher, vielleicht wird sie leiser und behutsamer,
vielleicht ändert sie ihren Takt, vielleicht werden die Harmonien gewagter oder die Rhythmen energischer.
Weihnachten ist nicht überall die stillste Zeit im Jahr,
aber an Weihnachten ist es überall an der Zeit, ein neues Lied zu singen.
Euch zur Freude und Gott zur Ehre.

Herzenssache[3]

„54, 74, 90, 2006, ja wir stimmen alle ein.

Mit dem Herz in der Hand und der Leidenschaft im Bein,

werden wir Weltmeister sein."

Habt Ihr ihn noch im Ohr, liebe Studierenden, diesen Ohrwurm von der Fußball-WM letzten Sommer?

Sicherlich. Er hat mich angeregt, darüber nachzudenken, was der Fußball eigentlich mit dem Evangelium, genauer gesagt: mit der Kommunikation des Evangeliums, zu tun hat. Auf den ersten Blick ja scheinbar nicht sehr viel. Das eine passiert im Stadion, das andere in der Kirche. Im einen Fall geht es um ein Spiel von 22 Männern mit einem Ball, im anderen Fall um ein feierliches Ritual. Beim zweiten Hinsehen jedoch einiges: In beiden Situation geht es irgendwie um ein Gemeinschaftserlebnis. Es gibt Akteure und Zuschauer, Verantwortliche und Mitspieler. In beiden Fällen gibt es, wenn es gut läuft, begeisterte Menschen.

Ja, das stimmt, behaupte ich jetzt einfach einmal, denn es geht in erster Linie um eine *Herzenssache, nicht (nur) um eine Kopfsache*. Vielleicht haben Sie ja Söhnke Wortmanns Film *Deutschland ein Sommermärchen* gesehen. Da leuchtet das mit den Emotionen unmittelbar ein: 54,74,90,2006...

Wenn man diesen Hit hört, ihn – womöglich mit Tausenden von Fans – mitsingt und dabei eine Gänsehaut bekommt, spürt man: *Wer nicht nur mit Herz und Leidenschaft spielt, sondern auch singt und womöglich Andere noch dazu anstiften kann, gehört zu den Siegern*. Selbst dann, wenn es (wie im Halbfinale gegen Italien) zwischendurch ganz bitter wird und am Ende nicht für den ersehnten Titel reicht. Denn: Wer so singt, hat nicht nur Chancen auf den nächsten Titel, nein der bekommt ein neues, ein andersartiges Prädikat zugesprochen: „*Weltmeister der Herzen*".

Sind wir Christen auch *Weltmeister der Herzen*? Können wir auch Menschen erreichen mit dem, was wir sagen und tun? Haben wir womöglich auch einen solchen Song, der mitreißt und das Entscheidende – unsere Herzenssache eben! – auf den Punkt bringt?

---

[3] Universitätsgottesdienst Hildesheim zum Ende des Wintersemesters 2006/07.

Martin Luther schreibt in einer Gesangbuchvorrede: *„Singet dem Herrn ein neues Lied! Denn Gott hat unser Herz und Mut fröhlich gemacht durch seinen lieben Sohn, welchen er für uns gegeben hat zur Erlösung von Sünden, Tod und Teufel. Wer solches mit Ernst glaubt, der kann's nicht lassen, er muss fröhlich und mit Lust davon singen und sagen, dass es andere auch hören und herzukommen.“*

Da ist eine Veränderung beschrieben, wie sie globaler und nachhaltiger nicht sein könnte. Die Hölle ist zu, der Tod ist tot. Ich finde diese Botschaft wirklich weltbewegend. Gott schenkt mir damit eine Hoffnung, die mich in Hochstimmung versetzt, dass ich auch anderen davon erzählen will: in Klängen und Melodien, mit Wort und Ton, Harmonie und Rhythmus. Wie kann dieses Lied heute klingen?

Ich meine, das *fröhliche Singen und Sagen* kann heute sehr unterschiedlich aussehen. Kirchenmusik in populärem, vor allem gospeligem Gewand ist zu Recht nicht mehr aus unserer Kirche wegzudenken. Und deshalb haben wir uns heute Nachmittag in einem Workshop auch vorwiegend neuen Liedern zugewandt.

Doch auch unser diesjähriger „Jubilar“, Paul Gerhardt, kann begeistern. Er dichtete ein Kirchlied, das zum Jahresmotto unserer Arbeit im Michaeliskloster Hildesheim geworden ist. *Ich singe dir mit Herz und Mund*. Bevor ich die erste Strophe auslege, wende ich mich zuerst der Melodie dieses kleinen Kunstwerks zu. Sie stammt aus der Feder seines Berliner Kantors Johann Crüger. Seine Melodie, die vielfach um den Grundton kreist, war eigentlich schon für ein anderes Lied gedacht. Sie besteht wie Paul Gerhardts jambischer Vierzeiler mit dem *Reimschema ab-ab* aus zwei gleich langen Teilen.

Herausragendes Merkmal ist freilich der *Rhythmus des Liedes*. Der Anfang „Ich singe dir“ ist durch die Folge „Lang –kurz – kurz –lang“ charakterisiert. Diese rhythmische Figur wird sofort wiederholt („mit Herz und Mund“) und kehrt in gleicher Weise in der dritten Zeile („Ich sing und mach – auf Erden kund“), also an der gereimten Parallele, wieder. So unterstreicht der Rhythmus die Struktur der Dichtung, die im Übrigen auch an der Spitze der Verse („Ich singe dir“ bzw. „Ich sing und mach…“) eine Entsprechung zeigt. Es wird deutlich: *Gott loben und den Menschen seine Liebe weitersagen, das gehört zusammen*. Die rhythmische Entsprechung gilt übrigens auch für das zweite Reimpaar (b):

kurz –kurz –kurz – lang –lang – lang. Hier sind beide Aussagen auf verschiedene Aspekte des Menschseins bezogen. Dazu jetzt gleich mehr.

Ich singe dir mit Herz und Mund,
Herr, meines Herzens Lust.
Ich sing und mach auf Erden kund,
was mir von Dir bewusst.

In diesen vier Zeilen steckt nahezu alles drin, was unseren Glauben ausmacht und trägt:

1. **Ich singe dir…** Das beste und höchste Ziel für jeden Menschen (!) ist es, Gott zu loben und ihm die Ehre zu geben. Dies ist der hymnische, der spirituelle Aspekt des Singens. Menschen erheben ihre Herzen und machen mit bewegenden Klängen und inspirierten Rhythmen Gott groß. Wohlgemerkt: Gott, den Schöpfer und Erhalter unseres Lebens sollen wir ehren, nicht uns selbst (wie häufig beim Fußball mit *We are the Champions* o.ä.). Es gilt also immer noch und immer wieder, was Augustin sagte: Wer singt, betet doppelt! Darum kann ich mir *keinen Gottesdienst ohne die spirituellen Impulse traditioneller und neuer Kirchenmusik vorstellen.*
2. **Herr meines Herzens Lust!** Wenn ein Mensch singt und sich freut, dann tut er das aus innerer Begeisterung heraus Leib und Seele, nicht nur mit dem Kopf oder der Stimme. Der ganze Mensch kommt zum Klingen, summt, lacht, jubelt und klatscht, groovt, hüpft und tanzt. Singen darf Spaß machen, im besten Sinne des Wortes *lust*voll sein. Solche Sätze kann man in einer Kirche, die an das Jahr 2030 denkt, gar nicht oft und laut genug sagen. Darum kann ich mir *keine Gemeindepädagogik und Jugendarbeit ohne kirchenmusikalische Impulse denken*.
3. **Ich sing und mach auf Erden kund!** Eine am Evangelium ausgerichtete Kirchenmusik hat auch eine missionarische Dimension. Sie bleibt nicht für sich im stillen Kämmerlein, sie wird öffentlich, schallt hinaus ins Land, geniert sich angesichts des „frommen" Inhalts nicht vor der Welt. Sie besitzt ein besonderes, zuweilen auch anstößiges, ein politisches Profil, das Salz der Erde und Licht für die Welt ist. Und genau darin ist sie attraktiv!
4. **„Was mir von dir bewusst."** Geistliches Singen eröffnet uns neue Zugänge zu dem, was uns trägt. Im Singen geschieht Vergewisse-

rung und „Bewusstseins-Bildung“, da wird unsere Person (von personare= durchklingen) von Klängen ergriffen, die uns geistlich und geistig weiterbringen. Deshalb! Verzichten Sie in Ihren Zusammenhängen *im Bereich Bildungs- und Kulturarbeit nicht auf den Beitrag der Kirchenmusik!*

Dies alles, liebe Studierendengemeinde, steckt nur in einer einzigen Strophe von Paul Gerhardt. Sie ist damit – so meine ich – nicht nur Programm für ein *kirchenmusikalisches Zentrum*, sondern auch für eine zukunftsfähige Kirche und für ein weltoffenes, profiliertes evangelisches Christensein im Alltag. Kirchenmusik ist also mehr als schmückendes Beiwerk oder konsumförderliche „Atmo“:Sie bietet die entscheidende Motivation für uns alle, für uns als junge Kirche, Kirche für andere, Kirche in der Welt zu sein! Davon will ich noch lange weitersingen und weitersagen.

Jesus schläft, was soll ich hoffen? (Kantatenpredigt zu BWV 81)[4]

I Schläfst du eigentlich?

Papa, schläfst du? Och, Papa, nicht schlafen!

Erschreckt fahre ich hoch. Tatsächlich sind mir beim Vorlesen auf dem Sofa die Augen zugefallen. Meine vierjährige Tochter ist ungeduldig, ja enttäuscht. Schließlich habe ich ihr schon lange versprochen, aus ihrem Lieblingsbuch vorzulesen. Aus der Perspektive des Kindes betrachtet, eine herbe Enttäuschung. Aber auch aus meiner Sicht ist das unangenehm. Denn ich möchte doch gerne gemeinsam Zeit mit ihr erleben und mein Versprechen halten!

Ein harmloses Beispiel, werden Sie, liebe Frauen und Männer, jetzt vielleicht denken. Ja, es passieren schlimmere Dinge zwischen Himmel und Erde. Und doch: was im Kleinen anfängt, könnte sich ja im Großen fortsetzen. Ein Versprechen nicht zu halten oder buchstäblich zu verschlafen, belastet Beziehungen.

Doch gibt es solche Enttäuschungen eigentlich auch mit Gott? Kennen Sie das bohrende Gefühl, er könnte schlafen? Oder noch schlimmer: Er sei schon irgendwie da, würde aber meist wegschauen und sich gar nicht für uns interessieren? Der Kontakt nach oben scheint abgeschnitten, oder besser: Da ist Funkstille von oben her....

Papa, Abba, schläfst du? Hast du nicht versprochen, immer und alle Tage bei uns zu sein? Johann Sebastian Bach und sein unbekannter Dichter, nehmen diese Situation in einer Kantatenmusik auf, die fast 300 Jahre alt ist. Am 30. Januar 1724 wurde sie zum ersten Mal in Leipzig gespielt und ist bis heute aktuell. Nicht nur als schöne, berührende, bisweilen dramatische Musik, sondern auch mit der Schilderung unserer Existenz, als musikalischer Gottesdienst, als Predigt in Tönen.

Der Titel des ersten Satzes zielt genau auf die angesprochene Situation:

Jesus schläft, was soll ich hoffen?

Seh ich nicht
mit erblasstem Angesicht
schon des Todes Abgrund offen?

---

[4] Stadtkirche Bayreuth 2012, Themengottesdienste zu Therapie und Seelsorge.

Es gibt Situationen, da stehen wir schon mit einem Fuß im Grab, sagt Bachs Dichter. Das fühlt sich schrecklich an.

Hören wir, was JS. Bach mit dieser Erfahrung macht. Streicher spielen in extrem tiefer Lage, wir vernehmen dazu ein Pochen – gleichsam der ängstliche Herzschlag - in den Bassinstrumenten. Seufzermotive in allen Instrumenten, besonders den Blockflöten, machen die Klage sinnfällig. Und die Singstimme (Alt) gerät immer wieder ins Stocken, schnappt förmlich nach Luft.

Schließen Sie die Augen. Jetzt ist Raum für Ihre Fragen und Sorgen, Bachs Musik nimmt sie auf. Erleben Sie dabei besonders die Pausen und die Liegetöne.

Aufführung der Kantatensätze 1 und 2

II Warum so ferne?

Das eben gehörte Rezitativ (Satz 2) hat die Arie weitergeführt. Während das Ich im ersten Satz seine ausweglose Situation und die damit verbundene Angst vor dem Tod beklagt hat, kommt nun Gott ins Spiel. Er wird direkt angesprochen. Ein poetisch-musikalisches ***Klopfen an die Himmelstür.***

Herr, warum trittest du so ferne?

Warum verbirgst du dich zur Zeit der Not?

Der Dichter verbindet in seiner Bereimung das Wörtchen *ferne* in der ersten Zeile mit dem Stichwort *Sterne,* das sechs Zeilen weiter erst kommt. Er zeigt dadurch: Der schlafende Jesus ist uns manchmal *so fern wie ein Stern im Kosmos*. Und Bach? Er drückt die Ferne durch einen kaum singbaren großen Sprung nach oben aus (None, möglichst vorsingen).

Doch auf welche konkrete Situation ist diese Musik zu beziehen? In welcher Not gesprochen?

Ist Gott denn für alle Miseren unseres Lebens verantwortlich? Für alles Leid, was in der Welt geschieht?

Nein, das ist er nicht! Denn vieles, was an Krieg und Terror, an persönlichen Verletzungen und Unrecht in dieser Welt geschieht, das ist hausgemacht. Wir sollen Gott nicht das alles in die Schuhe schieben. Am 11. September 2001 in New York etwa waren unverkennbar Menschen am Werk. Und so auch jetzt in Syrien. Um solche Erfahrungen geht es in der Kantate nicht. Aber es gibt auch Not und Leid, die uns unverschuldet treffen: Naturkatastrophen und Krankheiten. Fragen wir deshalb: Wer spricht denn da eigentlich? Wer klopft da an die Himmelstür?

Bachs Musik bezieht sich auf eine konkrete Situation, die uns im Evangelium des Matthäus erzählt wird. Ein kleines Schiff treibt auf dem Galiläischen Meer. Eine Handvoll Fischer sind nach Einbruch der Nacht überrascht worden von einem der tückischen Fallwinde. Eigentlich sind sie ja Profis auf dem Wasser. Sie wissen, wie man mit einem Boot umgeht, auch bei Windstärke 9 oder 10. Doch dann wird es wie eine Nussschale herumgeworfen, eine Welle nach der anderen überspült sie. Das erste und dann auch das zweite Ruder gehen über Bord. Sie sind hilflos den Elementen ausgeliefert. Der Mast bricht mit einem lauten Krachen. Dann fängt einer an zu schreien, verschafft seinen Gefühlen Luft und rüttelt den schlafenden Jesus an der Schulter. „Warum schläfst du? Wir kommen alle um!" Der Klageschrei ist bereits eine Erleichterung. Besser als alles in sich hineinzufressen. Ob er helfen kann?

Gemeinsames Lied:

Hilf mir, mein Gott! Denn Leib und Seele
vergehen schier vor Todesangst.
Mir reicht das Wasser bis zur Kehle –
du, der du Sturm und Meer bezwangst,
hilf jetzt auch mir, die Not ist groß:
Komm, halt mich fest, und lass nicht los.

Sieh, wie die Wellen tosend wühlen,
der Boden wankt, es schwankt der Grund.
Sieh, wie mich Gischt und Flut umspülen,
und hör den Schrei aus meinem Mund:

Zum Halse mir die Wasser stehn,
lass mich, mein Gott, nicht untergehn.

Du hast die Macht, mich zu erhalten,
und hast dies wie oft schon getan.
Dein Wort allein zähmt die Gewalten -
Gott, schweige nicht. Gott, sieh mich an:
mein Hals ist heiser, müde, wund,
sprichst du ein Wort, werd' ich gesund.

Eugen Eckert , Melodie EG 369 (4/4-Takt statt 6/4)

Jetzt sind wir mittendrin, liebe Gemeinde, in der Seenot der Jünger, in unserer Seenot.

Vielleicht haben Sie die Verfilmung des Bestsellers *Das Leben des PI – Schiffbruch mit Tiger* gesehen. Oder auch das Buch gelesen… Als einziger von über 100 Passagieren und einem ganzen Zoo von Tieren überlebt er einen schrecklichen Sturm im Pazifik. Er flüchtet auf ein kleines Rettungsboot, auf dem sich, wie er erst nach einiger Zeit merkt, auch ein wilder Tiger befindet.

Selten habe ich schönere Bilder von Tieren und vom Ozean gesehen, aber auch mit Pi gelitten und gezittert. 275 Tage hält er es aus und spürt, was es heißt, dort zu überleben, wo der Stärkere sich durchsetzt. Er ringt zugleich mit seinem Glauben an Gott.
Mitten in einem zweiten Sturm, der ihm samt dem gefährlichen Tiger schier vollends den Garaus macht, steht er mit erhobenen Händen da und betet. Preist Gott für seine Größe und Herrlichkeit. Allmächtig und geheimnisvoll ist er, unergründlich und anders. Könnte ich das, frage ich mich?

Beim Nachdenken über den Film ist mir der Sturm und das wilde Tier zu einem Bild für meine Existenz geworden, für die inneren Stürme des Lebens und für den „Tiger in mir", der faucht und zubeißt, auch dann wenn es mir nicht gefällt.

Doch hören wir nun, wie Bach den Sturm schildert, das Getöse der Chaosmächte des Wassers eindrucksvoll inszeniert. Die Arie malt in Turnerscher Manier das dramatische Bild eines Sturmes. Zweiunddreißigstel-Koloraturen fahren wie Blitze durch die Solovioline, Dreiklangsbrechungen besonders in der Singstimme bilden die Wellen ab, pochende Streicher das Grummeln des Donners.

Und dann? Was folgt danach? Ach, hören Sie selbst…

Aufführung der Kantatensätze 3 und 4

III Warum so furchtsam? Er lässt sich hören

Noch ist äußerlich betrachtet nicht viel passiert, noch bläst der Wind und toben die Wellen. Und doch… Das Blatt hat sich gewendet, denn Gott hat sich gewendet, uns in Jesus zugewendet. Mitten in der Nacht, inmitten des tosenden Sturms deiner Ängste kannst du ihn hören. Nicht donnernd, sondern liebevoll und freundlich: Warum bist du so furchtsam?

Im schlichten Arioso, das wir gerade gehört haben, fragt er zwölfmal: Warum? Warum seid ihr so furchtsam? Alle zwölf Jünger sind also angesprochen, und du und ich, wir alle heute, mit ihnen. Keiner wird ausgegrenzt.

Jesus ist auf einmal hellwach, er hat alles mitbekommen. Unsere Frage: *Warum bist du so ferne?* Beantwortet er mit einer Gegenfrage: *Warum seid ihr so furchtsam?* Ganz auf Augenhöhe mit uns ist er also. Keiner muss über Bord wie einstmals Jona.

Ihr Kleingläubigen! Warum seid ihr so furchtsam? Das ist eigentlich keine Frage. Es ist schon eine Antwort: Ich habe eure Klage gehört, eure Todesangst gesehen. Wenn ich da bin, kann euch nichts passieren, oder besser: nichts mehr von Gott trennen.

Seine Stimme lässt neue Hoffnung aufkeimen. Ja, solche Stimmen brauchen wir in den Seenöten und Schiffbrüchen unseres Lebens…

Doch hören wir weiter, was dann passiert.

Aufführung der Kantatensätze 5 und 6 (evtl. schon 7)

IV Bach als Seelsorger

Es bleibt also nicht bei der einfühlsamen Frage Jesu. Er lässt seinen Worten Taten folgen. Bachs Musik hat uns das gerade eindrucksvoll zu Ohren gebracht. Den kraftvollen Gebieter, den Schöpfer Himmels und der Erden hat sie uns präsentiert (Schweig, schweig!), aber auch - im Mittelteil der Arie - nochmals den einfühlsamen Freund. Gott ergreift durch ihn Partei für uns gegen die rohe Gewalt der Natur:

Dir (Wind) sei dein Ziel gesetzet,
damit mein auserwähltes Kind
kein Unfall je verletzet.

Zuerst sagt Jesus: *Warum seid ihr so furchtsam, ihr Kleingläubigen?* Dann erst folgt das Machtwort an den Sturm, das diesen schweigen und verstummen lässt. Nach erfolgter Rettung wäre es keine Kunst mehr, Jesus zu vertrauen. Aber wenn wir noch mittendrin sind im Schlamassel, dann schon. Wenn der Tiger uns anbrüllt, wenn wir mit uns selbst ringen, ist und bleibt Glaube ein Wagnis.

Bachs Musik fordert uns heraus, in der Vielzahl innerer und äußerer Kämpfe auf Jesu Stimme zu hören. In der Macht der Stürme, die uns überfallen, ihm die Wende zuzutrauen. Ja mehr noch, darauf zu hoffen, dass er uns so annimmt, wie wir sind: mit allen Zweifeln, mit unseren Ecken und Kanten, mit dem brüllenden Tiger in uns.

Bachs Kantate ist somit ein *Vademecum* für Grenzsituationen unseres Lebens. Sie macht uns stark und widerstandsfähig gegen die Mächte des Bösen und des Todes auch wenn wir gerade nicht in der Krise sind. Sie macht uns bewusst, dass unser Leben gefährdet ist und Grenzen hat. Zugleich lässt sie dich spüren: DU bist gehalten, auch über dieses Leben hinaus geborgen in Gottes Hand.

Bach lädt uns ein zum Hören, zum Miterleben, zum Mitbeten und Mitsingen – es muss ja nicht gleich eine Arie sein… ein schlichtes Kyrie, ein Psalm, ein Lied des Vertrauens irgendwann auch im Alltag! Bach macht es uns vor. Bei ihm kommen Herz und Kopf, Gefühl und Verstand zusammen.

Aber auch ohne Bach kann das gelingen: Bemerke das Lächeln deiner Kollegin! Hör das freundliche Wort des Nachbarn oder Freundes! Werde neu empfänglich und durchlässig für die Menschenfreundlichkeit Gottes! Und dann teile sie mit anderen. Darauf möchte ich achten. Mich darin einüben, für meine Seele sorgen zu lassen und dann auch für andere zu sorgen.

Bach überrascht mal wieder. Dass Jesus zuweilen schläft, kann ich mit ihm staunend und klagend vor Gott bringen. Und dabei erfahren: Er ist plötzlich ganz für mich da, hellwach an meiner Seite.

In allen äußeren und inneren Stürmen meines Lebens ist er immer noch größer. Ihm will ich vertrauen und zu ihm beten mit JSB oder auch mit Herbert Grönemeyer:

„Der Himmel heult – die See geht hoch – Wellen wehren sich – stürzen mich von Tal zu Tal – die Gewalten gegen mich – bist ozeanweit entfernt – Regen peitscht von vorn – und ist's auch sinnlos – soll's nicht sein – ich geb' Dich nie verlor'n. Geleite mich heim – raue Endlosigkeit – bist zu lange fort –mach die Feuer an – damit ich Dich finden kann – steig zu mir an Bord – übernimm die Wacht – bring mich durch die Nacht – rette mich durch den Sturm – fass mich ganz fest an – dass ich mich halten kann – bring mich zu Ende – lass mich nicht mehr los."

Aufführung von Kantatensatz 7 (Unter deinen Schirmen)

Weitere Strophen von EG 396 mit der Gemeinde

From Kyrie to Gloria (Markus 10,46-52 und Lukas 2,14)[5]

Dear sisters and brothers in Christ!

Today I would like to speak to You about two pieces of our worship. Therefore let me ask You first of all: Are You more a Kyrie- or a Gloria-"personality"?

Funny question, some might say....

I would like to explain it: Do You tend more to request for things or to give thanks?

1. Kyrie and Gloria in our lives

When I was asked this, I answered spontaneously: Well, I guess, I am more, the Gloria-personality. I am mostly happy about the good experiences every day:

to get up every morning,

to have a two wonderful professions and an exciting job with many tasks,

to have enough to eat and drink,

a charming and wise wife with six great children.

I give God thanks every day for that.

And then, of course, I enjoy the music! Music with all its colours and voices: bright sopranos, strong basses; brilliant tenors and dark contraltos. I like playing and listening to the Queen of instruments, the organ, grooving bands and magnificent strings and last not least wonderful brass choirs as I heard them here in Korrogwe. And there is even the sound of nature. Two days ago I had a personal morning concert of birds at Vuga, which was just fantastic. And this all for free, my friends!

But of course, there is even more. I thank God, that He has revealed his love in Jesus Christ and showed me his open heart. He loves You and me, He loves this world. And that's really wonderful.

So we can just sing: Halleluja. Praise the Lord. Gloria is in trend.

---

[5] Korrogwe, Tansania, Gottesdienst am 2. März 2014.

This is the musical and theological message of our brothers and sisters in the pentecostal churches, isn't it? And there is a lot of truth in it. We are marching in the light of God, in the light of Easter and feel the Spirit in our hearts who makes us sing Glory. *But is that all? Some may ask.*

What about the dark experiences in our life? What about the war in Iraque and Syria? What about the Tsunamis in India and Japan? What about You and Your people here in Tansania and Uganda suffering from AIDS? Isn't that enough to become a tough Kyrie-personality who laments and shouts and suffers, who is just afraid?

Well, I am very glad that there are both pieces in our Lutheran Mass:

the Kyrie **and** the Gloria as we have performed them before.

How does such a Kyrie sound? Let us sing Kyrie once more:[6]

Kyrie eleison.

Christ have mercy, mercy on us.

Kyrie eleison

So we can say: Perhaps I prefer tea more than coffee, rice more than potatoes, apples more than mangos. But this is not the question here. Both belong to our lives: light and darkness; Joy and sadness, it depends less on how we are, but more on that, what has happened, what came over us.

What I want to say is: It is wrong, if some people say, that lamentation is spiritually not correct. Or: Praising God is our only mission.

Believing God is both and has much to do with truth.

My life is not just sunshine, not only light. I want to cope with the dark experiences, with my faults: Sometimes I am not honest, sometimes not gentle at all, sometimes quite egomaniac.

And there are experiences of people who hurt me! What can I do? I can moan and sing Kyrie eleison. I am even sad about the fact, that people hurt each other, that couples are living in divorce, that bombs explode

---

[6] Liederbuch KlangFülle für den Deutschen Evangelischen Kirchentag in Hamburg 2013, 85, englische Fassung.

and kill innocent children. I want to lament then as even Jesus himself did at the cross. Why do You leave me alone, father!?

2. Kyrie and Gloria in the New Testament

All that is reason enough to shout Kyrie, to ask God for his mercy. So let us now have a look in the New Testament . Where is Kyrie, where is Gloria located here? In the New testament tradition, we have at least two great stories:

Gloria is connected with Christmas. With the gospel of the birth of Jesus announced by the Angel on the fields of Bethlehem. To whom is it announced? To people like You. People, who live in fear and in anxiety. Poor people, not rich as most of us Europeans....What's the message to them? *Don't be afraid! I bring You got tidings of great joy!*

The message is simple, but it has great effect, too. The choir of the heavenly hosts responds saying:

Glory to God, glory to god in the highest. And on earth peace, to all whom his favour rests. Wonderful: Heaven is coming down to earth and bringing peace. God touches the world again, not only with his hand, but with his face. The peace of God is God himself. The peace of God for ALL men… (and women of course) is a little child, with fingers, and lips and eyes on us….

So what? Listen, sing and play! Join the angels in a wonderful concert. Sing Glory!

Gemeinde singt Glory[7]

There is no entrance fee for the shepherds. They participate in the full glory performance of God. What they hear and do, is not something logical, something reasonable, it's completely different from everything they heard and saw before.

This praise does not follow the logic of economy or politics or mathematics, it follows the logic of the Gospel, the Logic of Good News, the "logic of overflow"! It is God's gift of love and the Angel's logic of praise and overflowing excitement.

That's *Gloria.*

---

[7] Z.B. Ehre, Lob und Preis, Liederheft Kirchentag Hamburg 2013, 79, englische Fassung.

Sing *Glory to God in the highest!*

Gemeinde singt Gloria.

Wonderful. Thank You for singing together.

But what about Kyrie? Should we just cancel it and be happy?

No! Because the *Kyrie eleison* is also connected with the story of Jesus. It is a healing-story about a blind man. Bartimaeus is his name.

I invite You to get to know his inner situation, the feeling in his heart:

Close Your eyes. You are blind, you can neither see nor walk alone without anyone's help. You can just sit and listen. People do not care for You. They charge You that You should hold Your peace. But You can hear them talking. You listen: Jesus is coming. The man of Galilee, the preacher of the kingdom of God, the healer: There is a short message going round. People say: Deaf men receive the hear, lames walk again and the poor have the Gospel preached to them. Do even blind receive the sight!?

You decide to wait. Yes. You can't loose anything. Then he is coming. It's the only chance, the chance of Your life. You have to, and You can get healed. So move Your hands on high, call him, cry, shout, shout again Kyrie eleison.

That's what You do: You cry: *Son of David, have mercy on me*.

And Jesus has mercy. He tends to You, looks at You, answers You:

"What do you expect me to do, my friend? "

It's a long time ago, that somebody spoke words like these to You.

"I would like to see", You answer.

And then it happens. You can open Your eyes. The first time in Your life You can see the sun, the sky, trees and birds, boys and girls...You cannot believe it first. You feel so happy, start to praise and sing and follow Him.

And now open Your eyes, come back again....

These are the stories, my friends from Bethlehem and Jericho. Jesus, the new born king and the healing prophet. And then?

Jesus himself is going to make the experience of Kyrie and Gloria in Jerusalem. He is mourning in Gethsemane and shouting Kyrie at the cross, he himself has to be saved. But that's not the end. Together with his friends he will shout Glory: Victory on the third day….

3. The way from Kyrie to Gloria

How do we get from Kyrie to Gloria? We are not Christ. What might happen between Kyrie and Gloria? It is the experience of death and resurrection even in our lives.

Sometimes, in our Lutheran worship, we get from one to another suddenly. Nothing is going on between the two pieces. Is that good? I honestly ask this. Sometimes for example after these horrible things as war and terror, which happen all over the world, there must be a development, there should be a way from Kyrie to Gloria in our service.

I mean a space to shout, to be sad, to be silent, to remember the cross, get together with Christ, be together with sisters and brothers and just say: *Kyrie eleison.*

And then the way to move from there, maybe by listening to the gospel or to feel the person next to You after the holy Communion and finally say: *Yes God, I can feel You again, I am able to believe again. I feel better. My heart starts to get lighter…*

So I would propose, perhaps not every Sunday, but then, when darkness and fear are dominating our lives: Why can't we sing the Gloria at the end of our service then?

Worship then describes way from Kyrie to Gloria with crying, listening to the Word, with silence, and different emotions, with tears and joy, with the preaching of the gospel, the lectures, prayers and hymns, the holy communion… They mark the *holy space between*, liturgy is then God's way to announce his love in our hearts and to arrive there.

May this come true even today in this worship. May the love of our wonderful God arrive in Your hearts and You know: I am his child. I can shout Kyrie and sing Gloria and nothing will bring me away from his grace… God bless You! Amen.

Paul Gerhardt zum Geburtstag (Sirach 50,24)[8]

Nun lobet den Herrn, den Gott des Alls, der Wunderbares auf der Erde vollbringt, der einen Menschen erhöht vom Mutterleibe an und an ihm handelt nach seinem Gefallen. (Sirach 50,24)

Liebe Konferenzgemeinde, liebe Schwestern und Brüder,

Diese Sätze aus der jüdischen Bibel wollen wir betrachten und heute mit unserem Jubilar Paul Gerhardt ins Gespräch bringen. Eine Aufforderung zum Lob, wie wir ihn aus den Hymnen des Psalters kennen.

Ein Satz, der allerdings auch wie blanker Hohn klingen kann, wenn wir in das Deutschland des Dreißjährigen Krieges schauen. Die Bevölkerung in Berlin-Cölln, der späteren Wirkungsstelle Paul Gerhardts, ist Ende der 1640er Jahre durch Krieg, Hungersnot und die grassierende Pest von 12 000 auf 7500 Menschen zusammengeschrumpft. An vielen Stellen im Land herrscht Mord und Totschlag, niedergebrannte Dörfer und verlassene Siedlungen gehören zum Alltag. Verwaiste und hungernde Kinder, vergewaltigte Frauen, verwahrloste und verkrüppelte Männer. Wir können uns das Elend kaum vorstellen. In einem offiziellen Bericht heißt es: „Keine menschliche Seele befand sich in dem Dorfe… In der Kirche fanden wir viele Gemälde und entweihte Altäre. Im Kirchhof erblickten wir gar einen ausgegrabenen Leichnam." Kein Wunder, dass in den Jahren 1630 bis 1640 auch poetisch und musikalisch fast völlige Funkstille herrscht in Deutschland. *„Difficile est, vacuo ventre fingere melos*". „Schwierig ist es, mit leerem Bauch, Melodien zu erfinden", heißt es trocken in einer zeitgenössischen Quelle.

Auch noch 1651, wenn Paul Gerhardt als Pfarrer an der Mittenwalder Moritzkirche aufzieht, findet er ein Trümmerfeld vor und schreibt in sein Tagebuch:

„Sieh an mein Herz! Wie Stadt und Land/ an vielen Orten ist gewand/ zum tiefsten Untergang;/ der Menschen Hütten sind verstört/ die Gotteshäuser umgekehrt/" Und fährt betend fort: „Lass auch einmal nach so viel Leid/ uns wieder scheinen unsre Freud/ des Friedens Angesicht, das mancher Mensch noch nie einmal/ geschaut in diesem Jammertal".

[8] Gehalten zum Geburtstag Paul Gerhardts bei der Liturgischen Konferenz am 12. März 2007 in Hildesheim.

Dagegen klingt die trotzige Fanfare *Du meine Seele, singe* oder das beschwingte *Nun danket all, und bringet Ehr*! fast wie ein Spott. Und doch hat Paul Gerhardt dieses Lob gesungen und in jenen Jahren nach dem Westfälischen Frieden eine ungeheuer produktive Zeit erlebt.

Mit trotzigem Vertrauen protestierend singt er an gegen all das Leid. Einige Loblieder wollen wir herausgreifen, die einen zentralen Aspekt seiner Frömmigkeit und seiner Theologie, unterstützt durch die Musik, schön zum Leuchten bringen. Zugleich möchte ich damit eine Verneigung vor Johann Crüger und Johann Georg Ebeling machen. Denn: mal Hand aufs Herz: Was wäre der große Paul Gerhardt ohne seine beiden Melodisten, die übrigens beide auch studierte Theologen waren.

Viele von P. Gerhardts Liedern wurden in Johann Crügers „*Praxis pietatis melica*, einem der populärsten Gesangbücher der Liedgeschichte mit 45 Auflagen, veröffentlicht. (Einen Holzschnitt daraus finden Sie in Ihrem Programmheft. Auch hier der Hinweis auf einen Hymnus, auf die Geburtsstunde des Lobpreises der Miriam am Roten Meer) 1647, zehn Jahre bevor Gerhardt nach Berlin kommt, hat Crüger schon 18 Lieder von Paul Gerhardt aufgenommen, 1653 sind es bereits 82, was auf die immense Produktivität der beiden Freunde und Kollegen nach Beendigung des Krieges hinweist. Martin Rößler kommentiert: „*Die Arbeitsgemeinschaft des schon leicht angegrauten Theologiekandidaten mit dem um neun Jahre älteren Musikdirektor wird zur Sternstunde der Liedgeschichte.*“ Betrachten wir diese Arbeitsgemeinschaft näher an ausgewählten Beispielen:

Ausgegangen waren wir von Jesus Sirachs: „Nun lobet den Herrn, den Gott des Alls, der Wunderbares auf der Erde vollbringt, der einen Menschen erhöht vom Mutterschoß an.“

Dieses Wort finden wir zweimal im Gesangbuch vertont. *Nun danket alle Gott* von Martin Rinckart mit einer Melodie von Crüger und *Nun danket all und bringet Ehr* von Paul Gerhardt, wieder mit einer Melodie von Crüger, von der er einige Teile aus dem Genfer Psalter übernommen aber grundlegend überarbeitet und rhythmisch profiliert hat.

Lang-kurz-kurz-lang ist die Keimzelle: „Nun dan-ket all“: Das ist der Aufgesang. Nicht nur die Frommen, nicht nur Lutheraner, Reformierte oder Katholiken, sondern alle Menschen in der Welt sollen Gott preisen und damit ihrem Schöpfer die Ehre geben. Aber damit nicht genug. Es geht um einen kosmischen Lobgesang, um eine hymnische Allianz von Himmel und Erde, die das *Te Deum laudamus* anstimmen. Größer, liebe Konferenzgemeinde, könnte der Klangraum des Lobpreises Gottes nicht dimensioniert sein. Und genau diesen Raum, gilt es zu erfüllen.

Lang – kurz – kurz – lang, das wird gleich zu Beginn emphatisch wiederholt (und bringet Ehr) und in der dritten Zeile, wo die gereimte Entsprechung kommt, wieder aufgenommen (Lob und Dank: aa). Auf der einen Seite singen die Menschen, auf der anderen Seite die Engel, die Welt und der Himmel sollen klingen von seinem Ruhm (bb). Die Reimentsprechung ist melodisch dadurch unterstrichen, dass am Ende von Zeile 1 und 3 melodisch jeweils das g erreicht wird, während in Zeile 2 und 4 am Ende der Grundton steht. Übrigens auch in Z 2 und 4 ist der Rhythmus identisch (kurz-kurz-kurz-lang-lang-lang).

Gemeinsames Lied: *Nun danket all* (EG 322,1-5)

Kommen wir nun mit *Die güldne Sonne* (EG 449) zu einem Lied J.G. Ebelings, dem Nachfolger Crügers an St. Nicolai in Berlin. In der modernen Form des barocken Tanzliedes findet lebensbejahendes Gottvertrauen und Gotteslob seinen Ausdruck. Das Lied ist nicht nur eine Reminiszenz des Schöpfungs- und des Ostermorgens, sondern auch eine Vorwegnahme des Morgenglanzes der Ewigkeit (Kreuz und Elende, das nimmt ein Ende!). Der schnelle Dreiertakt, den Ebeling besonders liebt, galt seit dem Mittelalter als perfektes Zeitmaß und daher als Abbild der Dreieinigkeit. Das einfache Reimschema mit seinen kurzen Zeilen (fasst durchgängiger Paarreim mit einer Ausnahme: aabbcddeec) wird durch eine ebenso spritzige wie geniale Melodie illustriert.

Ganz oben beginnt sie, die Melodie. Die Sonne steht also gleichsam schon in vollem Glanze „am Himmel“, und erreicht bei „Mein Haupt und Glieder, die lagen danieder“ den tiefsten Punkt. Gott leuchtet uns am Morgen mit seinem Licht und hilft uns fröhlich aus dem Bett zu kommen, was sich musikalisch durch eine aufsteigende Linie fortsetzt. Paul Gerhardt dichtete das in einer für ihn dunklen Zeit. Seine Frau lag im Sterben und seine Pfarrstelle stand auf Messers Schneide, denn er hatte sich mit dem Kurfürsten persönlich angelegt und wollte den Kompromiss zwischen Lutheranern und Reformierten nicht unterschreiben.... Es war ihm also gar nicht nach Fröhlichkeit… Und trotzdem dichtet er, trotzdem findet er in Ebeling einen kongenialen Komponisten…

Auch dieses Lied lebt von prägnanter Rhythmik. Die sechs Noten der ersten Zeile („Die güldne Sonne") entsprechen rhythmisch exakt der anschließenden Zeile („voll Freud und Wonne"), und der Rhythmus der dritten (sechs Viertelnoten) findet sich wieder in der vierten (bb), während die überschießende fünfte in der letzten, ganz am Schluss (cc) aufgenommen wird. Ebeling macht hier musikalisch dasselbe wie Crüger in „Ich singe dir mit Herz und Mund": Er verknüpft Reimpaare durch den gleichen Rhythmus und unterstreicht dadurch die Einprägsamkeit. Darüber hinaus singen uns der beschwingte Dreier und die profilierte Melodie den Sonnenaufgang direkt ins Herz.

Betrachten wir ein letztes Beispiel:

Etwas archaischer und wesentlich majestätischer kommt die Melodie zum Psalmlied *Du, meine Seele, singe* (EG 302) daher. Einer Fanfare gleich stürmt die Melodie zu Beginn himmelwärts und drückt damit das aufsteigende Lob Gottes aus. Sie macht sichtbar und hörbar: **„Loben zieht nach oben".** Kaum ein Choral im Evang. Gesangbuch hat den grandiosen Umfang dieses Liedes. (Undezime) Die Spitzennote dieser Fanfare („See-**le**"), wird am Ende des Liedes sogar noch überboten: bei welchem Stichwort? Na, raten Sie mal! Bei „**lo**-ben" natürlich! In Str. 8 steht an dieser Stelle der Spitzennote das Verb „**meh**-re", wodurch eine überzeugende Klammer beider Rahmenstrophen geschaffen ist: Der höchste Zweck des Singens ist es, Gott zu **loben** und dieses Lob in der Welt zu **„mehren"**.

Schließen wir mit einer kurzen Betrachtung der Strophen 4 und 5. Dieses dankbare Lob zieht sich durch, auch in schweren Situationen seines Lebens. In sein Testament schreibt Paul Gerhardt: „Ich danke Gott zuvörderst für alle seine Güte und Treue, die er mir von meiner Mutter Leib an bis auf die jetzige Stunde an Leib und Seele und an allem, was er mir gegeben, erwiesen hat."

Gemeinsames Lied: *Du meine Seele, singe* (EG 302, 1.4.5)

Holz auf Jesu Schulter (Liedpredigt zu EG 97)[9]

I. Das Jaulen der Trauerklöße!?

Warum singen wir eigentlich, ihr Männer und Frauen in Dortmund?

Weil es irgendwie zum Leben gehört? Weil es angesagt oder chic ist?

Wohl kaum. Wir *hören* zwar in allen Lebenslagen Musik. Ja, unser Leben ist ohne Musik kaum denkbar... Sie ist Bestandteil der Hochkultur, der Popkultur, der Subkultur. Keine Party ohne anständige „Mucke", kein Kino ohne spannende oder rührende Filmmusik, aber selbst singen?

„Och nö", sagen viele Jugendliche, viele finden Singen total „uncool". „Papa, du singst immer so laut", sagt meine große Tochter... Und schon vor Jahren titelte der Spiegel: *Das Jaulen der Trauerklöße – oder warum die Deutschen nicht mehr singen...*

Praktizieren wir in der Kirche also ein längst veraltetes Auslaufmodell?

II. Singet dem Herrn ein neues Lied...

Martin Luther schreibt in einer Gesangbuchvorrede: „Singet dem Herrn ein neues Lied, denn Gott hat uns Herz und Mut fröhlich gemacht durch seinen lieben Sohn, den er uns gegeben hat zur Erlösung von Sünden Tod und Teufel. Wer solches mit Ernst glaubt, der kann es nicht lassen, er muss fröhlich und mit Lust davon singen und sagen, dass es auch andere hören und herzukommen."

Das klingt nicht nach Jaulen der Trauerklöße. Dafür muss man sich anscheinend nicht genieren oder gar entschuldigen. Im Gegenteil: „Damit es auch andere hören und herzukommen." Ein neues, anderes Lied soll es also sein als das hoffnungslose Gesumme der Schwarzmaler. Ein Lied von der Freiheit, von der Rettung dieser Welt. Gegen den Dreierpack von Sünde, Tod und Teufel, kraftvoll und einladend. Ja sogar fröhlich und mit Lust darf es zugehen, ihr Protestantinnen und Protestanten.

Freut euch, freu dich. Singen und sagen sollst du, denn das Evangelium ist kein papiernes Lesewort sondern ein sinnliches Klangereignis.

---

[9] Ev. Stadtkiche St. Reinoldi, Dortmund 2012.

Das passt zum heutigen Sonntag *Laetare*, dem kleinen Ostern in der Passionszeit. Ein bisschen rosa im dunklen Violett. *Freu dich, freu dich, Jerusalem*, freu dich du Stadt Gottes! Ja, ich meine wir dürfen sagen: freu dich, Christenheit, denn dein Glaube baut auf eine große Verheißung. Freu dich, du darfst singen, es soll dir nicht wie ein Kloß im Hals stecken bleiben.

Sing ein Lied von dem, was dich trägt, was dein Leben in dieser Welt beschreibt und dir und anderen neue Hoffnung gibt. Ein Protestlied, ein Gegenprogramm. Da ist so viel Syrien, so viel Fukushima, so viel Gewalt und so viel Hilflosigkeit. Da sind Staats-Pleiten und Politikerabgänge. So viel Frust… Habt ihr ein Gegengift?

Schlagen wir dazu das Gesangbuch auf. EG 97. Ein niederländisches Lied, ins Deutsche übertragen von Jürgen Henkys, einem der großen Theologien und Poeten unserer Zeit.

Ein Passionslied. Ob das mit der Hoffnung und Freude damit funktioniert?

Viele meinen ja, Passionslieder solle man am besten komplett verbieten und abschaffen, zu blutrünstig seien sie und auch zu deprimierend. Keinesfalls einladend. Von wegen: *Damit es auch andere hören und herzukommen. Zum Weglaufen klingt das…* Ich oute mich gerne, liebe Gemeinde. Je länger ich in unserer Kirche Dienst tue, desto lieber werden mir - neben den Osterliedern - die Passionslieder. Ja, auch die, die mich vor persönliche und theologische Herausforderungen stellen.

Lieder wie dieses, dessen kraftvoller Text mit einer eingängigen Melodie gepaart ist und das hervorragend in unsere Zeit passt, auch fast 50 Jahre nachdem es entstanden ist.

Singen wir gemeinsam Str.1

III. Holz auf Jesu Schulter

Der Aufbau des Liedes ist kunstvoll. Da gibt es – typisch für das 20 Jahrhundert! – einen Refrain, der sich durch die sechs Strophen durchzieht. Ursprünglich war er eine eigene Strophe in der Mitte des Liedes (sieben Strophen). Jetzt drückt er dem Ganzen kraftvoll seinen Stempel auf. Macht das Lied zu einem Kyrielied. Ein Lied, das sich ausstreckt nach Gottes Erbarmen, nach dem Macht- und Kraftwort von Ostern. Ja, mit seiner aufsteigenden Melodie bringt es uns schon jetzt etwas Österliches. Laetare, freu dich, du wirst auferstehen, auferstehen mit ihm!

Doch noch ist es nicht soweit. Schauen wir weiter auf die Komposition. Da gibt es *Stichwortverbindungen zwischen Strophe 1 und 6*, aber auch zwischen den Strophen 2 und 4 (Wollen wir) und 3 und 5 (Denn die Erde).

Wir haben gleichsam zwei Kreuzstrophen 1 und 6, zwei Gottstrophen 2 und 4 und zwei Welt- oder Erdenstrophen 3 und 5, aber alles natürlich wunderbar aufeinander bezogen....

Doch schön der Reihe nach! Schauen wir auf Str. 1: Das Bild vom Baum finden wir hier, aber auch von Frucht oder Früchten ist die Rede und natürlich, wie könnte es anders sein: von Jesus, genauer gesagt von der *Schulter Jesu.* Die Kamera des Poeten schwenkt also auf ein Körperteil. Nicht auf das *Haupt voll Blut und Wunden*, nicht auf die durchbohrte Seite, der Schulter gilt die Aufmerksamkeit.

Eine Schulter kann kraftvoll und muskulös, aber auch knochig, ja zerbrechlich sein. Breite Schultern können etwas aushalten, schmale Schultern will man lieber nicht belasten. Wie sah sie aus, die Schulter Jesu? War sie noch bedeckt vom königlichen Purpurmantel oder nackt und zerkratzt? Schwer lastend auf ihr das Kreuz, das Folter- und Todesinstrument, das man ihn selbst tragen ließ?

Was wird aus dem Holz auf Jesu Schulter? Ist es einfach nur hart? Schneidet es ein in die Haut? Hinterlässt es bei ihm Spuren, blaue Flecken? Oder bietet das Holz eine Perspektive der Hoffnung? Schon sind wir mitten drin in der Passionsgeschichte.

Aber, horcht hin.

IV Baum des Lebens

Bereits die erste Strophe hält eine Überraschung, eine Pointe parat. Holz und Baum werden in Verbindung gebracht. Das ist doch banal, denkt man. Vor dem Holz war der Baum... Klar!

Doch nein, gerade umgekehrt: *Das verfluchte Holz des Kreuzes wird wieder zum Baum*! Zum Baum des Lebens, zu einem Baum der Leben in sich trägt. All das, was die Welt Jesus an Bösem wünscht, was sie an Verwünschungen und Flüchen gegenüber Gott ausgesprochen hat, aber auch: all das, was Jesus an Schuld und Leid auf sich genommen und hinauf ans Holz getragen hat, das verwandelt sich, das wendet sich zu neuem Leben: *ward zum Baum des Lebens…*

Schon auf den ersten Seiten der Bibel heißt es: *Da ließ Gott aus der Erde aufwachsen allerlei Bäume, verlockend anzusehen und gut zu essen, auch den Baum des Lebens in der Mitte des Gartens.* Gottes Lebensbaum, ist schon von der Schöpfung her für die Menschen da. Welch eine große Perspektive. Sie reicht bis ins letzte Buch der Bibel, ja in das letzte Kapitel, wo der Seher Johannes vom Himmel und der Ewigkeit spricht: *Und er zeigte mir einen Strom lebendigen Wassers, mitten auf dem Platz und auf beiden Seiten des Stromes Bäume des Lebens.*

In manchen Kirchen finden wir dieses Bild unmittelbar sichtbar. In meiner Lieblingskirche in Rom, San Clemente, zum Beispiel: Da ist das Kreuz umrankt von den Zweigen und Blüten des Paradiesbaumes, auf denen Vögel nisten können und einen Ort finden, als Vorzeichen des Lebens. Das Kreuz steht auf dem Hügel des Paradieses, umgeben von lebendigen Geschöpfen.

Aber halt, ihr Männer und Frauen, lasst euch nicht zu schnell in den Himmel, ins Paradies hinein heben! Könnte jetzt einer sagen. Da ist doch all das Schwere noch, das auch in diesem Lied steckt… Passion heißt Leiden, Mitleiden, heißt aber auch Leidenschaft für diese Erde und ihre Menschen und das von Gott her und mit ihm.

So sind die Strophen 2-5 kunstvoll aufeinander zugeschnitten.

Wir singen die Strophen 2-5.

V Kontrapunkt des Himmels

Bitte und Lob, Kyrie und Gloria stehen einander gegenüber in Str. 2 und 4. Es ist die dringende Bitte um Frieden für unsere Herzen und für unsere Welt. Es ist aber auch das Lob des ewigen Gottes selbst. Hat das Letztere in unserer Welt noch einen Ort? Gerade in der Passion ist das

Geheimnis von Gottes Güte und Gericht, von Gesetz und Gnade enthalten, dem wir auch heute nachspüren. In der Passion Jesu zeigt sich Gottes Liebe für seine Freunde und für die Welt. Auferstehung (im Refrain) dagegen klingt anders. Das ist Gottes kraftvoller Widerspruch gegen das Unrecht. Das ist sein Sieg über das Böse und die Sünde der Menschen. In diesem heiligen **und** rettenden Akt Gottes nur kann die Welt genesen, eine Welt, von der es in Str. 3 und 5 sehr realistisch heißt, dass sie uns, *gerade uns Christen* **anklagt.** Warum? Weil auch wir tief verstrickt sind in das Unrecht zwischen Nord und Süd, in den Hass unter den Religionen, in die Brutalität der Herrschaft des Geldes, brauchen wir Erlösung. In Str. 3 klagt sie uns an, in Str. 5 jagt sie uns gar auf den Abgrund zu. Ja, ich gebe zu, das ist auch manchmal mein Lebensgefühl... Wohin rast sie unsere alte Welt? Ja, vielleicht klagt die Erde nicht nur uns, vielleicht klagen wir mit ihr sogar Gott an: Warum hast du uns verlassen, warum lässt du dich nicht mehr hören?

Doch dann erklingt die andere Stimme, der Kontrapunkt des Lebens vom Himmel: Vielleicht zunächst nur leise: *Warum zweifelst du? Warum hast Du Angst? Ich bin doch da.* Ich schaffe euch Recht. Ich halte euch in meiner Hand. Ich trage euch durch.

Diese Stimme, liebe Gemeinde, ist es, die mich nicht vergehen lässt, nicht zugrunde gehen lässt. Gott selbst lässt sie hören, - und zwar immer besonders klangvoll und kräftig dann, wenn wir miteinander singen. In unserem Lied erklingt Gottes Stimme. Die Stimme seiner Liebe und seiner Gnaden-Gegenwart, wie Bach einmal geschrieben hat.

Warum zweifelst du also noch? Das Entscheidende ist bereits passiert, ist vollbracht. Über der Welt liegt nicht eine bedrohliche Götterdämmerung, sondern das aufgehende Licht von Ostern bricht sich Bahn und macht den Kosmos taghell.

Singen wir gemeinsam Str. (4+5)6.

VI Schulterschluss mit dem Gekreuzigten

Am Ende verlassen wir die große kosmische Perspektive wieder. Es wird leise um uns, geradezu intim. Wir wenden uns ihm selbst zu. Dem Mann mit dem Kreuz, dem Mann am Kreuz. Auf seine Frage: Warum zweifelst du? antworten wir dankbar, ein wenig beklommen und zugleich staunend: *Hart auf deiner Schulter, liegt das Kreuz, o Herr*. So kommt es zum *Schulterschluss* mit ihm. Wir legen ihm gleichsam unsere Hand auf die zitternde Schulter und spüren in allem Leiden seine Kraft, fühlen seine Energie und sehen: Das Kreuz ist nicht leer. Es ist bereits reich an Früchten. Die Welt darf uns nicht mehr anklagen und „runterziehen". Im Kreuz – welch ein Paradox! - blüht neues Leben auf schon hier und jetzt. Ach ja, möchte ich beten, ach ja, in deinem Ruf, Jesus ist das Leben. In deinem Kreuz ist meine Rettung, ich danke dir.

VII Aufgesang für die Völker

Der liebende Gott freut sich, wenn sein Anruf auf deine Gegenliebe stößt, wenn seine Anrede Widerhall bei dir findet. Deshalb hör die alten Worte neu: *Singet dem Herrn! Singt für Gott alle Welt.*

Ja, auch zur Passion gehört der Festpsalm:

Singet dem HERRN ein ***neues*** *Lied, denn er tut Wunder!*

Ein Lied, das vielleicht noch alte Melodien und Worte nutzt, das aber doch un-erhört neu klingt:

Gott wird Mensch, Gott schreibt Geschichte. Seine Liebe macht nicht halt, wenn es brenzlig wird. Er geht voll rein ins Leben, ja mehr noch in den Tod, ja sogar in den gewaltsamen Tod. Er ist dort, wo Menschen leiden. Diese Botschaft ist stark.
Gott ruft sie dir zu und sagt: Freu dich daran, das ist die Hoffnung, die dein Leben trägt, lass auch andere davon hören. Und wenn es dir schwer fällt, dann vertrau darauf: Die Gottesklänge der neuen Welt sind schon da.

Brannte nicht unser Herz?[10] **(Lukas 24,13-35)**

Liebe Gemeinde,

Was ist das Wesen des Gottesdienstes? Wo können wir uns in der Bibel orientieren, wie wir Gottesdienst feiern sollen? Was ist der innere Herzschlag, die Mitte, das Merkmal des Gottesdienstes? Ich möchte diesen Fragen heute mit einem Text nachgehen, der zu meinen liebsten in der Bibel gehört. Einer, in dem die Worte Gottesdienst, Versammlung, Liturgie oder Predigt allerdings überhaupt nicht vorkommen. Der Evangelist Lukas stellt ihn an das Ende seines Evangeliums. Ich verstehe ihn als Meditation, als Denkanstoß für unser christliches Leben, aber auch für unseren Gottesdienst.

Hören wir hin!

V13 Und siehe zwei von ihnen gingen an demselben Tage in einen Ort, der lag von Jerusalem bei zwei Stunden Wegs; dessen Name ist Emmaus.

Zwei sind genug. Gottesdienst heißt: sich gemeinsam auf den Weg machen auch mit ganz wenigen Menschen. Aufbrechen zu neuen Orten, auch in kleine vermeintlich unbedeutende Dörfer. Haben wir dazu den Mut? Neu aufbrechen? Auch mit kleinen Zahlen?

V 14 Und sie redeten miteinander von all diesen Geschichten.

Miteinander reden. Hier geht es nicht um den Austausch von Belanglosigkeiten. Die beiden Jünger machen nicht einfach Smalltalk. Sie teilen sich mit, was sie wirklich umtreibt, was sie unbedingt angeht. Erzählen wir uns das? Geschichten mit Gott, die berühren, die auch etwas von uns preisgeben? Wagen wir aber auch zu sagen, wo wir Gott vermissen und woran wir leiden? Ich frage weiter: Wo in unseren Gottesdiensten gibt es einen Ort, solche Erfahrungen mitzuteilen?

V 15 Und es geschah, da sie so redeten und besprachen sich miteinander, da nahte sich Jesus und ging mit ihnen.

Jesus kommt und geht mit. Zunächst unerkannt. Er lässt die verzagten Jünger nicht allein, löst das Wort seiner Verheißung ein: *Wo zwei oder*

[10] Entwickelt im Zusammenhang meines Vortrags *Menschenfreundlich Gottesdienst feiern.*

drei versammelt sind in meinem Namen, da bin ich mitten unter ihnen (Mt 18,20). Auch dann, wenn wir gar nicht mehr mit ihm rechnen, tritt er auf den Plan.

V16: Aber ihre Augen wurden gehalten, dass sie ihn nicht erkannten.

Damit müssen wir rechnen. „Gehaltene Augen" sind gleichsam der alltägliche, aber auch der „all-sonntägliche" Normalfall. Der „österliche Durchblick" ist uns nicht verfügbar.

V 17: *Er aber sprach zu ihnen: Was sind das für Reden, die ihr unter euch handelt unterwegs? Sie aber blieben traurig stehen.*

Jesus fragt nach. Er öffnet sich für die Not und die Fragen der Menschen. Deshalb können sie ihre Gefühle zeigen: Sie sind traurig und wütend, vielleicht auch enttäuscht und verzweifelt. Und Jesus bleibt mit ihnen stehen. Wo in unseren Gottesdiensten geschieht das? Wo werden Menschen nach ihren Gefühlen gefragt? Wo gibt es Räume der Stille und Orte, Gefühle auszudrücken?

V 18-19a: Und der eine, mit Namen Kleophas, antwortete und sprach: Bist du der Einzige unter den Fremdlingen in Jerusalem, der nicht wisse, was in diesen Tagen dort geschehen ist? Und er sprach zu ihnen: Was denn?

Die beiden Männer fragen zurück. Wo gibt es im Gottesdienst einen Ort, an dem wir uns Fragen stellen lassen? Passiert das ausschließlich in der Predigt, durch die Predigerin oder den Prediger? Und falls nicht, wo dann? Wären wir überhaupt offen für die (letzten) Fragen der Menschen?

V 19b: Sie aber sprachen zu ihm: Das von Jesus von Nazareth, welcher war ein Prophet, mächtig von Taten und Worten vor Gott und allem Volk.

Noch klingt Begeisterung in ihrer Stimme. Jesus, das ist ein mächtiger *Prophet* in *Wort und Tat*. Er hat vorgelebt, wie das zusammengeht: das wunderbare Heilen und Helfen, das vollmächtige Predigen und Beten. Nicht hölzern dogmatisch, sondern lebendig!

V 20 *Wie ihn die Hohenpriester und Obersten überantwortet haben zur Verdammnis des Todes und haben ihn gekreuzigt!*

Wer von Jesus redet, wer ihn kennt, kann sein Leiden und Sterben nicht verschweigen. Zum Skandal des Kreuzes sollen wir uns bekennen, auch wenn manche das Kruzifix lieber durch ein „bekömmlicheres“ Symbol ersetzen würden. Jan Rohls schreibt „Die christlichen Honoratioren und kirchlichen Würdenträger, die das Kruzifix in der Schule oder im Gerichtssaal verteidigen, machen es regelmäßig falsch, nämlich platt und feige. Das Kreuz wird [in dieser Argumentation] zu einem folkloristischen Ausstattungsstück wie Gamsbart und Lederhose. Es wird akzeptabel, weil bedeutungslos. ... Ja! Das Kreuz ist eine Zumutung. Wer an ihm Anstoß nimmt, hat es besser begriffen und erweist ihm höheren Respekt als seine verharmlosenden, die Sache aushöhlenden Verteidiger.“

V 21 Wir aber hofften, er sei es, der Israel erlösen würde. Und über das alles ist heute der dritte Tag, dass solches geschehen ist.

Gerade wenn vom Tod Jesu die Rede ist, sollen wir zugleich die *Hoffnung für Israel nicht verschweigen.* Unser Gottesdienst geschieht in Achtsamkeit gegenüber dem auserwählten jüdischen Volk. (Das ist übrigens Kriterium 7 des Evangelischen Gottesdienstbuches).

V 22-24 Auch haben uns erschreckt etliche Frauen aus unserer Mitte; die sind frühe beim Grab gewesen, haben seinen Leib nicht gefunden, kommen und sagen, sie haben eine Erscheinung von Engeln gesehen, welche sagen, er lebe. Und etliche unter uns gingen hin zum Grabe und fanden's so, wie die Frauen sagten, aber ihn sahen sie nicht.

Eindrücklich, wie hier Schrecken und Furcht nochmals ganz in den Vordergrund treten, so als wären wir mit dabei. Dies lässt mich fragen: Wie reden wir von Ostern? Von den Geheimnissen des Glaubens? Artikulieren wir unsere Angst im Gottesdienst, besonders im Gebet?

Der kleine Abschnitt atmet sonst aber eine wunderbare Frische. Können wir das noch? Von Ostern so erzählen, als wäre es gerade erst passiert? Lassen wir uns noch hineinziehen und begeistern von dem, was da geschehen ist und unser Leben so fundamental verändert hat?

V 25-27 Und er sprach: O ihr Toren und trägen Herzens, zu glauben alle dem, was die Propheten geredet haben? Musste nicht Christus solches leiden und zu seiner Herrlichkeit eingehen? Und fing an bei Mose und allen Propheten und legte ihnen die ganze Schrift aus, und was darin von ihm gesagt war.

Der Auferstandene konfrontiert auch. Er streichelt nicht nur die Seele, sondern wäscht den Jüngern den Kopf. Haben wir dazu den Mut? Erspüren wir die richtige Stelle?

Dann folgt eine weitere Schlüsselstelle: Im Gottesdienst – so höre ich heraus – geht es auch darum, Zusammenhänge aufzuzeigen, das Ziel der biblischen Heilsgeschichte aufzudecken. Gesetz, Propheten und Psalmen, sie alle weisen bereits auf das Evangelium, auf Christus selbst hin und sollen deshalb in einem lebendigen Zusammenspiel daherkommen.

V 28-29 Und sie kamen nahe zu dem Ort, da sie hingingen. Und er stellte sich, als wollte er weitergehen. Und sie nötigten ihn und sprachen: Bleib bei uns, denn es will Abend werden und der Tag hat sich geneigt.

Wir dürfen und sollen ihn nötigen, ihn dringend bitten um seine Gegenwart. Das ist nicht nur ein nettes Erzählmotiv, sondern ein substanzieller Aspekt. Doch das Entscheidende kommt erst jetzt:

Und er ging hinein, bei ihnen zu bleiben.

Er lässt sich bitten! Er bleibt bei ihnen. Welch eine wunderbare Aussicht.

V 30 Und es geschah, da er mit ihnen zu Tische saß, nahm er das Brot, dankte, brach's und gab's ihnen.

Immer dichter wird die Szene. Gerade noch waren sie sich nur flüchtig bekannt, dann haben sie große Gedanken über Gott und seine Geschichte geteilt. Und dann gibt es eine gemeinsame Mahlzeit, Tischgemeinschaft. Der Fremde bricht das Brot und dankt dem Vater, eine schlichte persönliche Geste. Sie zeigt, worauf es ankommt, wenn wir feiern: danken, teilen, verschenken.

Was erwarten wir von unserer Abendmahlsfeier? Geht es um Lobpreis Gottes und unsere Gemeinschaft mit Christus oder nur um die Frage, wie am schnellsten ausgeteilt und am hygienischsten abgetupft werden kann?

V 31a Da wurden ihre Augen geöffnet, und sie erkannten ihn.

Jetzt kommt die Geschichte zu ihrem Höhepunkt. Augen und Herzen tun sich auf. Endlich erkennen sie ihn. Jeder noch so gut geplante und inszenierte Gottesdienst schafft das nicht von sich aus. Es ist und bleibt Gottes Sache, dass Menschen berührt und verwandelt werden. Doch dann heißt es:

V 31b Und er verschwand vor ihnen.

Ja, auch das gehört zur Wahrheit dieser Geschichte. Wir können ihn nicht festhalten. Er bleibt uns nicht verfügbar. So gewiss er gegenwärtig ist unter Wort und Sakrament, so wenig können wir ihn unseren Interessen und Wünschen gefügig machen.

V 33.35 Und sie sprachen untereinander: Brannte nicht unser Herz in uns, da er mit uns redete auf dem Wege, als er uns die Schrift öffnete? Und sie standen auf zu derselben Stunde und gingen zurück nach Jerusalem und fanden die Elf versammelt und die bei ihnen waren. Und sie erzählten ihnen, was auf dem Wege geschehen war und wie er von ihnen erkannt wurde, als er das Brot brach.

Sie müssen es auch den anderen mitteilen, was sie mit Gott erfahren haben. Mit brennenden Herzen und leuchtenden Augen. Wieder aufbrechen und es mit den anderen feiern. Es gibt eine Hoffnung, er lebt. Ich sehe: Kein Gottesdienst ist ohne Ziel, ohne Perspektive, ohne Sendung, die wieder neu in die Gemeinschaft führt. Ein Kreislauf von Sonntag und Alltag, Liturgie und Leben.

Damit ist die Geschichte der Emmausjünger für heute zu Ende. Lukas hat sein Evangelium in eine wunderbare Erzählung münden lassen, die immer wieder auch unsere Geschichte ist. Ein *Gottesdienst-Weg* mit Aufbruch und Stocken, mit Zittern und Zagen. Mit Staunen und neuer Hoffnung, wenn er selbst die Schrift auftut. Und erst recht mit der persönlichen Begegnung unter Brot und Wein.

Lasst uns daran festhalten und diesen Weg weitergehen, gemeinsam mit ihm und gemeinsam miteinander. Und lass uns immer wieder aufbrechen zu neuen Ufern und andere dazu einladen. Mit wachem Geist und brennendem Herzen. Amen.

Modenschau der Hymnen (Kolosser 3,12-17)[11]

Liebe Gemeinde,
wer heute predigt, muss den Mut haben, auch einmal Neues zu erproben. Mir ist bewusst, dass ich Ihnen heute einiges zumute. Vielleicht gelingt es aber auch, dass wir miteinander eine neue Hör- und Selbsterfahrung machen. In diesem Sinne „gute Unterhaltung“:

I Kleiderwechsel

„Darf ich Ihnen vielleicht die Jacke abnehmen?“ „Erlauben Sie, dass ich Ihnen in den Mantel helfe?“
Ich weiß nicht, wie es Ihnen mit solchen Sätzen geht. Bedauern Sie es, dass nur noch wenige Menschen auf gutes Benehmen achten? Oder finden Sie solche Sätze antiquiert? Aber keine Angst, es geht heute nicht um Höflichkeit und gute Manieren. Eines freilich soll uns begleiten: das *Thema Kleider*. Ich möchte mit Ihnen über einen *geistlichen Garderobenwechsel* nachdenken und dabei sowohl den Sonntagsstaat als auch die Werktagskluft in den Blick nehmen.

Freuen Sie sich also auf eine Modenschau der besonderen Art. Die Models lächeln freundlich und warten schon auf ihren Auftritt. Und der Designer – das ist das Beste – wird selbst mit von der Partie sein. Er animiert zu einem spirituellen Kleiderwechsel.

Textlesung: Kolosser 3,12-15

II „Eucharistia“

Ziemlich bunt diese Modenschau, die uns der Apostel hier vor Augen führt. Doch wie sollen wir die Kleider alle sortieren? Hören Sie dazu eine Reportage des Kirchensenders *Soli Deo Gloria*.

Herzlich willkommen, liebe Mitchristinnen und Mitchristen!
Unter dem vielsagenden Label „Eucharistia“ wurde hier eben eine Collection neuartiger Kleidung präsentiert. Vorgestellt wurden Kleider für jede Lebenslage. Kleider, die mehr sind als Kleider: Sie können Freude machen, animieren, ja begeistern. Kurios ist, dass sie offenbar nicht zum Verkauf bestimmt sind, sondern nur als Geschenke ausgeteilt werden.

[11] Berlin, Landessynode EKBO, April 2005 und Hildesheim Universitätsgottesdienst 2006.

Der Designer *Abba Deus*, (deutsch „Gottvater") hat sie in Zusammenarbeit mit seinem Geschäftsführer *Christsohn* selbst hergestellt. Als Auslieferer konnten sie das ebenso charismatische wie vielseitige internationale *Speditionsunternehmen Spirito Santo* gewinnen.

Gleich beim ersten Durchgang sahen wir **Oberbekleidung und Mäntel**. Zunächst strahlend weiße Hemden und Blusen in schlichter unprätentiöser Form. Sie gehen auf ein Fabrikat zurück, das ***baptisma*** heißt und offenbar mit neuer Lebensqualität zu tun hat. Das leuchtende Weiß ist nicht nur eine Augenweide für alle Anwesenden, dieses Produkt bietet vielmehr so etwas wie die Grundausstattung, die Basis für die eucharistische Collection. Die Models schwärmen davon, denn diese Taufkleider vermitteln schon beim ersten Anziehen das Gefühl von innerer Reinheit und göttlicher Nähe. Die meisten wollten sie gar nicht wieder abgeben.
Ein erstaunliches Kleidungsstück, dieses Taufkleid, nicht von dieser Welt und doch für diese Welt. Bekenntnisgewand und Festkleid in einem. Wer es anzieht, zeigt: Christus ist mein Freund, aber auch: Ich bin dabei bei Gottes großem Fest und lade andere dazu ein.

Dann der vielseitige rote Mantel. *Caritate* hat ihn Abba Deus genannt. In diesen Liebesmantel kann man sich einhüllen, wenn man am Erfrieren ist. Bei Bedarf kann er von mehreren Menschen sogar gleichzeitig genutzt werden. Dann entfaltet er seine wirklichen Qualitäten: Menschen wärmen sich gegenseitig. Er ist einem Modell nachempfunden, das der Geschäftsführer Christsohn in seinen Erdentagen selbst getragen haben soll. Er hat damit sicher manchen Anstoß erregt, aber auch viele Menschen glücklich gemacht, Menschen am Rande der Gesellschaft, Menschen mit zwielichtiger Vergangenheit, aber auch Menschen aus dem Hohen Rat mit politischer und geistlicher Verantwortung.
Jetzt betreten weitere fünf Modelle den Laufsteg.

III Caritate con variazioni

Das, was sie präsentieren, korrespondiert erkennbar mit dem roten Mantel. Offenbar handelt es sich um dazu gehöriges Accessoire. Also um eine Art *Caritate con variazioni*! Um Eigenschaften, die offenbar als besondere Ausprägungen der Liebe erkennbar werden sollen:

Der ungewöhnliche Schal *dolcezza*, Sanftmut, zeigt: Auch Menschen, die sich nicht immer mit Ellbogen in die erste Reihe vorarbeiten, sind attraktiv. Denn ohne sie wäre die Welt kalt und herzlos.
Dann die passenden Handschuhe *courage* in warmem Rostton: Mit denen kann man kräftig zupacken, tüchtig helfen und mutig dienen. Ja, auch sie gehören zum Liebesaccessoire von Abba Deus & Sohn. Kein Produkt, das im Trend liegt, zugegeben, aber ohne diesen Diene-Mut ginge es unter uns brutal und egoistisch zu.
Pazienza, Geduld, heißt der schicke große Hut, unter dem man einiges ertragen kann. Anderen vermittelt er das Gefühl: da wartet eine auf mich, sogar im Regen. Und einem selbst verhilft er dazu, manches etwas gelassener zu sehen, trotz der vielen Dingen, die gerade heute auf uns einstürmen.

Peppig ist die Jeans *Charisma,* die man zu dem weißen Oberteil *baptisma* tragen kann. Beide zusammen sollen das überholte Produkt „keep smiling" ablösen und eine innere Freundlichkeit und Heiterkeit ins Leben zaubern, die mehr sind als aufgesetzte Happiness.
Haben wir etwas vergessen? Ja natürlich! Die absolut wunderbaren Schuhe, die Spirito Santo unter dem Markennamen *misericordia* anbietet, was soviel heißt wie *Erbarmen oder: warm von innen.* Wüssten Sie einen besseren Namen für ein paar Schuhe?
Noch ist sich die Modewelt über die Qualität dieser Präsentation noch nicht im Klaren. Deutlich wurde hier allerdings: *„Kleider machen Leute, ja besser: Kleider machen Christenleute"*. Kommen Sie gleich zur Anprobe? Sie sind eingeladen in diesen wunderbaren Kleidern neuartige spirituelle Erfahrungen zu machen!
Als den eigentlichen Höhepunkt des Tages wird nun freilich mit Pauken und Trompeten eine Collection angekündigt, die in eigentümlicher Weise mit der ersten verknüpft ist. Abba Deus hat sie **„Cantate"** genannt und der Prospekt von Spirito Santo kündigt dazu an:

Textlesung II, Kolosser 3,16

IV Cantate con anima (Fortsetzung der Reportage)

Offenbar geht es hier um eine Collection, die vorwiegend zu festlichen Anlässen, also an Sonn- und Feiertagen, aber auch an Werktagen getragen werden kann. Der charmante Pfiff: Diese Kleider geben auch noch Töne von sich, versetzen einen also in eine ganz bestimmte „Stimmung“, in ein Klingen, das auf Kommunikation ausgerichtet ist.

Bei der Vorstellung der Kleidungsstücke soll das jeweils dazu gehörende Lied von dem/ der Predigenden angesungen und dann auch von der Gemeinde gemeinsam gesungen werden.

1) Hochwertige Anzüge

Zunächst werden unter dem Motto *Salmi* hochwertige Anzüge vorgestellt. Zeitlose *Kombinationen,* die man in Jerusalem, New York oder Warschau ebenso sehen kann wie in Sydney, Neu Delhi, Rom oder Berlin. Anzüge in unterschiedlichen Farben, aber ähnlichen Formen, passend für Situationen der Not und Gefahr, aber auch der Freude, Hoffnung und Begeisterung:

a) Schwarzer Zweireiher : *Lamento*

Zunächst ein schwarzer Zweireiher, Lamento genannt. Wer ihn anzieht, den erfüllen schwermütige, depressive, klagende Töne. Giacca nera wird er genannt.

Gemeinsames Lied *Aus tiefer Not*, EG 299, summen, 1. Zeile.

Er lässt Bilder aus schweren Zeiten hochkommen, Bilder aus Konzentrationslagern, Bilder vom 11. September oder von der Flutwelle in Ostasien. *(Str. 1 „Aus tiefer Not schrei ich zu dir“ singen)*

Das Großartige an diesem Modell, ist, dass man nicht zum Verstummen kommt, obwohl es einem die Sprache verschlägt; dass es das Gespräch mit Gott offen hält, auch wenn es darin hart zur Sache geht.

b) Blauer Klassiker: *Con fiducia*

Dann der azurblaue Sacco *con fiducia*. Die großartige Wirkung dieses Anzugs ist Vertrauen und Geborgenheit. Wer mit diesen Worten ins Singen und Schwingen kommt, dem kommen Erfahrungen mit Gott in den Sinn, die Menschen über Jahrtausende hinweg gemacht haben. Es ist das Gefühl behütet und bewahrt zu werden.

Kanon: Der Herr ist mein Hirte

c) Edle Nadelstreifen: *Solenne*

Zuletzt ein Modell, das als Nadelstreifenanzug edel, zeitlos und schön wirkt. Wer diesen Anzug mit dem feierlichen Namen *solenne* trägt, kann nicht lange auf den Boden starren. Ein erhabenes Hochgefühl und heitere Gelassenheit breiten sich aus, wenn wir singen:

Auf, Seele, Gott zu loben[12]

2) Hymnische Abendkleider

Gleichsam als Pendant zu den eher maskulinen Anzügen nun eine wahrhaft ***hymnische*** Collection bezaubernder Abendkleider: Wer ein solches Kleid anzieht wird selbst zu einem tönenden Programm.

Das erste Modell trägt ganz die Handschrift von Christsohn, ein sattes Grün spricht von österlicher Hoffnung, kräftige rote Ornamente singen von seinem Sieg. Und das klingt so:

Gemeinsam: *Christ ist erstanden EG 99*

Das zweite Modell ist in changierendem Altrosa gehalten. Hier spürt man, wie die gute Nachricht den ganzen Menschen, mit Leib, Seele und Geist, erreicht, mal mehr den Körper, mal mehr die Seele berührt.

Nun danket alle Gott mit Herzen, Mund und Händen (EG 321,1)

So wird die frohe Botschaft Ereignis, so wird sie persönlich, so durchklingt sie uns ganz.

Und nun der vorläufig letzte Programmpunkt:

Diesen kreativen, hochaktuellen Teil sollten Sie sich nicht entgehen lassen: Krawatten, Schleifen und modische Gürtel, alles, was Anzüge und Abendkleider richtig in Szene setzt.

3) Geistvolle Accessoires

a) Arancia

Eine knallorange Krawatte bekommen wir jetzt zu sehen. Sie heißt *arancia*. Ursprünglich war es eine Liebeserklärung von zwei Menschen, die davon singt, wie es sich anfühlt, wenn man sich anlehnen kann, bei einem Menschen. Doch zusammen mit dem schicken Psalmen-Anzug wird

[12] KLangFülle, Liederheft für den Kirchentag Hamburg, 53.

diese Marke ein Hinweis auf Gott. Lehn dich bei mir an! Was würde für eine solche Berührung besser passen als eine schöne Krawatte?
Lean on me (Refrain ansingen und nachsingen)

b) Santo
Zuletzt eine absolute Neuheit aus Lateinamerika: der schwarz lackierte „*Santo*-Gürtel", der auf dem Kirchentag wohl eine bedeutsame Rolle spielen wird.[13]
Gemeinsam im Wechsel: Heilig, heilig, heilig…
Dieser Gürtel dürfte manches Zusammensein in bester Weise zu einem tragenden und verbindenden Ereignis machen. Damit zurück in unser Sendehaus....

Liebe Frauen und Männer,
ich danke Ihnen, dass Sie sich auf dieses Predigtexperiment eingelassen haben. *Eucharistia,* so sahen wir, das ist nicht nur etwas für eine Stunde am Sonntag, sondern für jeden Tag, für das ganze Leben.
Geht darum nicht achtlos an diesen Kleidern vorbei! An den vielversprechenden Alltagskleidern, die Gottes Liebe in der Welt präsent machen. Aber freut euch auch an den „musikalischen Sonntagskleidern", die eurem Leben Glanz verleihen und Gott ehren. Sie sollen euch animieren, dass ihr mit Herzen und Mund bei Gott *und* mit Herzen, Mund und Händen bei den Menschen seid.

[13] Vgl. KlangFülle, Liederheft zum Deutschen Ev. Kirchentag Hamburg,73, call and response.

Heilig, heilig, heilig (Jesaja 6,1-6 mit Musik J.S. Bachs)[14]

Liebe Gemeinde,

I Der Blick hinüber

Schon früh um 3.00 Uhr sind wir aufgebrochen. Von der letzten Hütte auf 4000 m Höhe. Zuerst noch Geröll, dann ein eisiger Weg über den Gletscher. Als wir oben auf dem Gipfel angelangt sind und das Licht der aufgehenden Sonne sehen, tun sich vor uns weite Täler und neue Bergketten auf. Ich hebe den Blick hinüber auf das schneebedeckte Bergmassiv, beinahe 5000m hoch, und schaue hinüber. Herzklopfen. Aber auch Tränen in den Augen. Ich fühle mich sehr klein und doch Gott ganz nah. Die Schönheit der Natur lässt mich dankbar und froh werden. Vergessen sind die Strapazen, der Kopfschmerz am vorangegangenen Tag, die beißende Kälte am Morgen.

Wer sehnt sich nicht nach solchen Erfahrungen? Wer möchte das nicht: alles überblicken, ja sogar hinüberschauen in die andere, die jenseitige Welt? Wenigstens eine Ahnung davon bekommen, wie es dort aussieht und wer dabei ist?

Von einer solchen Erfahrung erzählt unser Predigttext. Wir begleiten einen jungen Mann auf seiner ersten großen Wallfahrt. Seit Kindesbeinen hat er immer wieder gehört: Dort oben wohnt Gott. Und dort im heiligen Tempel berührt sein Gewand die Welt: hier ist der Schemel seiner Füße.

Das klingt aufregend und schön, aber was hat es ihm und seiner kleinen Welt zu tun?

Lesung Jesaja 6,1-6

II Die Welt der Kathedralen

„Ich möchte nicht in einer Welt ohne Kathedralen leben. Ich brauche ihre Schönheit und Erhabenheit. Ich brauche sie gegen die Gewöhnlichkeit der Welt. […] Ich will den rauschenden Klang der Orgel hören, diese Überschwemmung von überirdischen Tönen. Ich brauche ihn gegen die

[14] Marktkirche Hannover, Trinitatis 2011, gemeinsam mit dem Organisten Ulfert Smidt.

schrille Lächerlichkeit der Marschmusik. Ich liebe betende Menschen. Ich brauche ihren Anblick."

Nein, liebe Gemeinde, das steht nicht in der Bibel, das ist kein Kommentar zum Propheten Jesaja. Ein zeitgenössischer Romancier legt diese Sätze einem Agnostiker in den Mund. Dieser bekennt sich zu schöner Orgelmusik, erhabenen Kathedralen und intimen Gebeten. Nachtzug nach Lissabon.

Hand aufs Herz: Auch ich sehne mich nach solchen Erfahrungen. Nach heiligen Momenten und großen Geheimnissen, die es gerade nicht auf der Party am Samstagabend, beim Fußball im Stadion oder im Lichtermeer einer Einkaufspassage gibt. Doch was genau suche ich, suchen wir? Hören wir Bach.

J.S. Bach, *Wir glauben all an einen Gott* (BWV 680) aus Clavierübung III für Orgel

III *Faszinosum et tremendum*

Bekommen wir sie zusammen, die aktuelle Liebeserklärung des Romanciers und die fast 3000 Jahre alte Thronvision des Propheten?

Versuchen wir eine Zusammenschau. Ja, auch Jesaja und sein Volk können nicht in einer Welt ohne Kathedralen leben. Der Prophet bekommt seinen Auftrag an einem Ort, den Gott selbst für sich als Wohnung erkoren hat. Er hätte es gewiss auch draußen am Fluss oder unter einem Baum tun können. Aber wir Menschen brauchen Zeichen. Uns zuliebe, weil wir so sind, wie wir sind, zeigt sich Gott an besonderen Orten. Dort, wo sich nach biblischem Zeugnis Himmel und Erde berühren, Diesseits und Jenseits sich schneiden. Wer einmal vom Ölberg auf den Tempelplatz in Jerusalem blickte, hat vielleicht eine Ahnung davon. Doch es ist nicht nur ein besonderer Ort, an dem Jesaja berufen wird. Klänge kommen dazu, ja mehr noch: Es ist *ein sinnlicher Dreiklang von Hören, Schauen und Berührtwerden.* Gottes Hofstaat schwebt singend herab: *Heilig, heilig, heilig ist der Herr Zebaoth, der Gott der Heerscharen.* Ein geheimnisvolles Raunen von der ewigen Schönheit Gottes durchzieht den Raum. Klänge und Stimmen aus einer anderen Welt. *Zu gerne wüsste ich Melodie und Takt.*

Doch damit nicht genug. „Alle Lande sind seiner Ehre voll“, rufen die Himmlischen und sagen damit: Nicht nur im Himmel lebt Gott, die ganze Erde ist voll seiner Herrlichkeit. Im kleinsten Blatt, im Lachen eines Kindes, in der Weite unserer Wüsten, im Rauschen des Meeres ist Gott gegenwärtig. Wer anderen den Himmel Gottes predigen soll, liebe Gemeinde, der braucht solche Erfahrungen. Erlebnisse, die helfen, eine Brücke von Gott zu uns zu schlagen.

Ein Schauer erfasst Jesaja, denn was er sieht, hat Folgen: Plötzlich bebt der Boden unter seinen Füßen. Selbst die Elemente können sich der heiligen Gegenwart des Herrn nicht entziehen. Er zittert.

Chor und Orgel: *Jesaja, dem Propheten das geschah* (EKG 135)

IV Gnaden-Gegenwart

Auch Johann Sebastian Bach hat diese Vision fasziniert. Im Sanctus seiner h-Moll-Messe erweitert er den Chorsatz auf sechs Stimmen: also 2x3 (himmlische und irdische) oder 3x2 wie die Flügel der Seraphim, vielleicht auch wie die sechs Dimensionen: Ost und West, Nord und Süd, oben und unten. Dabei sind ein leichtes, beinahe tänzerisches Schwingen (Triolen) und der festliche Glanz himmlischer Trompeten zugleich zu hören, die Leichtigkeit der Engel und die ´königliche Majestät Gottes.

J.S. Bach, h-Moll-Messe, Sanctus (Beginn einspielen)

Für Bach ist die Musik das Medium, das Himmel und Erde verbindet. An den Rand seiner Bibel schrieb er: *NB. Bey einer andächtigen Musique ist Gott allezeit mit seiner Gnaden-Gegenwart*. Dieses kleine theologische Vermächtnis ist gleichsam sein Kommentar auch zu unserem Text: Denn Bach bezieht es auf den Tempel und seinen Gottesdienst, beschreibt damit die Tempelweihe Salomos in:

Und alle Leviten, die Sänger waren, angetan mit feiner Leinwand standen mit Harfen und Psaltern und bei ihnen 120 Priester mit ihren Trompeten. Und es war als ob einer trompetete und sänge, als hörte man eine Stimme loben und danken dem Herrn: Er ist gütig und seine Barmherzigkeit währet ewig. Da wurde das Haus des Herrn erfüllt mit einer Wolke, denn die Herrlichkeit Gottes erfüllte das Haus.

Der Thomaskantor ist fasziniert: im hymnischen Unisono kommt die Musik daher, viele Stimmen und Instrumente verbinden sich zu einer. Doch das Beste: Gott kommt dazu, erfüllt alles mit seiner heiligen Gnadengegenwart.

Ähnlich wie die Engel in der Thronvision des Jesaja das göttliche Wort musikalisch begleiten und sein Lob ausrufen, verkündigt Bachs Musik eine himmlische Botschaft, singt sein Lob und bekennt sich zum dreieinigen Gott. Wohlgemerkt: die Musik an sich ist nicht göttlich, sie ist Geschöpf und Medium, Gott selbst, der drei-eine ist heilig, er ist der Herr. Johann Olearius, dessen gelehrte Bibelauslegung Bach (und etliche seiner Dichter) gekannt und persönlich besessen hat, schrieb dazu ein wunderbares Lied zum Trinitatisfest.

Gemeinsames Lied: *Gelobet sei der Herr* (EG 139,1-3)

V Reinigung und Sendung

Das war freilich nur die eine Seite Gottes, liebe Gemeinde. Es gibt auch noch die andere: In der Natur und in der Liebe von Menschen spüren wir etwas davon, besonders jedoch in Krippe, Kreuz und Auferstehung Christi. Hier wird sie leiblich, in Verkündigung, Mahlfeier und Musik kommt sie sinnlich zu uns. Das nennt Bach Gnaden-Gegenwart.

Doch Jesaja hat auch die andere Seite erlebt. Die dunkle Kehrseite Gottes, die unsere Grenzen aufzeigt. Sie vermittelt das Gefühl: Aus eigener Kraft kann ich vor Gott nicht bestehen. Gottes Bote sein, seine Botschaft ausrichten, das kann ich nicht. Ich bin nicht würdig dazu. „Wehe mir, ich vergehe. Ich bin ein sündiger Mensch." So bekennt es der Prophet.

Dieses Gefühl treibt mich ins Gebet. Auch ich kann heute nicht von mir aus das Wort Gottes auslegen, sondern brauche Beistand von höchster Stelle. Ohne IHN geht gar nichts... In diese Reihe stellte sich übrigens auch Johann Sebastian Bach, der fünfte Evangelist, wenn er über seine Kompositionen das schlichte JJ schreibt: *Jesu, Iuva.* Jesus, hilf.

Wie hilft uns der dreieinige Gott? Wiederum durch greifbare, spürbare Zeichen: Glühende Kohlen werden Jesaja auf die Lippen gelegt. Sie hinterlassen schmerzhafte Spuren auf seinen Lippen. Er ist förmlich gezeichnet. Verlässt den Schauplatz nicht als strahlender Sieger. Aber als einer, der weiß: Ich habe das alles nicht nur geträumt. Gott ist da. Sein Feuer brennt in mir.

Auch in uns brennt das Feuer von Pfingsten, liebe Gemeinde. Auch wir sind nicht allein. Deshalb gilt dir und mir die Frage: *Wen soll ich senden, wer will mein Bote sein?*

Ich meine, wir dürfen sie nicht hören, sondern auch beantworten. Wo auch immer wir sind. Droben auf dem Berg oder in einem wunderbaren Gotteshaus. Wir sind gemeint.

Mit Gottes Frage im Ohr und der wunderbaren Musik des *Heilig, heilig* im Rücken wage ich zu antworten:

Hier bin ich, sende mich.

Großes Schöpfungskino (Psalm 19 mit Bachs Kantate (BWV 76) und dem Lied *Die Himmel erzählen*)[15]

Hinführung zur Kantate

Johann Sebastian Bach hat den Beginn von Psalm 19 im Eingangschor seiner zweiten Leipziger Kantate, die wir gerade gehört haben, vertont und damit unmittelbar nach seinem Dienstantritt 1723 eine grandiose Visitenkarte abgegeben. Ein festliches Präludium (*Die Himmel erzählen die Ehre Gottes*) und eine kunstvolle Fuge (*Es ist keine Sprache noch Rede*) von ungefähr gleicher Länge in einem Satz: ein Kosmos polyphonen Zusammenklangs zum Lob Gottes. Der Eingangschor beginnt wie ein Trompetenkonzert. Er realisiert die Idee des Anstimmens und Wieder-Aufnehmens, des Rufs und Widerhalls. Zuerst beginnt die Trompete; Oboe und Streicher spielen nach; dann setzt der Solobass ein, und der gesamte Chor antwortet in strahlendem C-Dur. Die Stimme des Schöpfers, der Sound der klingenden Schöpfung und unsere Resonanz im Lied, möchte man meinen. Auch die Fuge ist als eine große Steigerung angelegt, zuerst singt ein Tenor, dann das Soloquartett, der Chor und über allen setzt am Ende die Trompete mit dem Thema ein.

J.S. Bach: Kantate *Die Himmel erzählen die Ehre Gottes* (BWV 76, Eingangschor, CD-Einspielung)

Predigt I (Psalm 19A)

Eine wunderbare Komposition. Sie spiegelt Freude an der Natur und Freude an Gott, ein beschwingter Gottesdienst in Tönen: als gesungene Verkündigung und als musizierter Lobpreis inmitten einer klingenden Schöpfung.

Wir atmen Frische und herrliche Weite und fühlen uns an Martin Luthers Psalmenvorrede erinnert, der die Schönheit solcher Psalmen folgendermaßen rühmt: „Wo findet man feinere Worte von Freuden, als die Lobpsalmen oder Dankpsalmen haben? Da siehest Du allen Heiligen ins Herz wie in schöne lustige Gärten, ja wie in den Himmel, wie feine, herzliche, lustige Blumen darinnen aufgehen von allerlei schönen, fröhlichen Gedanken gegen Gott und seine Wohltat. " Die Schöpfung spiegelt nicht nur Gottes Weisheit wider, Gott selbst redet durch sie, spricht eine Ein-

---

[15] Göttingen, St. Jacobi 2012, in der Reihe Psalmengottesdienste.

ladung aus, ihn für seine Werke zu loben. Doch schauen wir einmal noch etwas genauer hin:

Unser Psalm beginnt nicht so klassisch wie „Singet dem Herrn ein neues Lied“ oder „Lobe den Herrn meine Seele“ oder „Danket dem Herrn, denn er ist freundlich“. Ein vermeintlich nüchterner Aussagesatz eröffnet die hymnische Meditation: Die Himmel erzählen, die Feste verkündigt…

Aber worüber genau redet der erste Vers?

Zunächst geht es um den Himmel als für unser Auge unendliche Fläche: *Sky* sagen die Engländer. Sein strahlendes Blau, die vom Wind bewegten Wolken, aber auch die flatternden und singenden Vögel sind wie ein aufgeschlagenes Buch, sie erzählen den Ideenreichtum des Schöpfers.

Omnis mundi creatura (die Kreatur der ganzen Welt)
quasi liber et pictura (ist wie ein aufgeschlagenes Buch)
nobis est et speculum. (für uns und wie ein Spiegel)

So dichtete schon Alanus de Insulis im frühen Mittelalter.

Der Himmel geht über allen auf. Welch eine Weite! Und zugleich ist er ein Spiegel der Weisheit Gottes! Aber auch das Firmament des Himmels, wie es sich die Alten vorgestellt haben, hat etwas zu sagen: Ihr seid geschützt: Gott lässt euch nicht im Chaos der Urflut versinken. Im Gegenteil: *He's got the whole world in his hand.*

Der von Kreaturen bewohnte Himmel und das ihn schützende Firmament erzählen und verkündigen, sie *offenbaren Gottes Erscheinungsglanz*, seinen Ideenreichtum und seine Güte. Das Himmelszelt ist nämlich auch Zeichen der *Fürsorge Gottes*. Jesus macht es uns vor, lässt sich anregen zu einer Meditation: *Sie säen nicht, sie ernten nicht, sie sammeln nicht in Scheunen und unser himmlischer Vater ernährt sie doch.*

Schließen wir einmal die Augen. Denken wir uns eine bunte Wiese, wir legen uns auf den Rücken, riechen das Gras und schauen den Wolken zu, keine ist wie die andere. Große und Kleine, Schäfchen- und Federwolken… Großartig…

Dann hören wir einen Vogel zwitschern, und gleich noch einen zweiten…, sie kommen ins Gespräch. Und ich denke mir: Woher sie diese

Melodie wohl gelernt haben? Musik in der Luft. Auch die Bäume rauschen, die Blätter geben einen rhythmischen Grund.

Dann kommen wir an einen See und bestaunen die Spiegelung der Bäume und des Himmels. Grün und Blau im Wasser. Wie funktioniert das eigentlich? Egal, Hauptsache es „funktioniert"... Und über uns, über dir und mir, geht neu die Sonne auf.

Ja, lächeln Sie ruhig. Das tut gut. Das ist gewollt. Sie sind alle nicht unmusikalisch, auch religiös nicht unmusikalisch. Lassen Sie jetzt Gottesklänge in sich nachklingen, nehmen das, was da ist, in sich auf. Das, was uns geschenkt ist. So kommen Klänge und Bilder der Schöpfung tief in unser Herz.

Wir, sind also mittendrin, liebe Gemeinde, im *mehrdimensionalen Schöpfungskino*, das Gott für uns bereithält. Er redet uns an durch bewegte Klänge und Bilder, Bilder, die den Kopf und das Herz ansprechen. Und das Ganze auch noch gratis! *Gottes wunderbarer Erlebnispark mit Namen Schöpfung ist immer offen. Welch ein Geschenk.*

Psalm 19 nimmt uns dazu an die Hand: Wir dürfen den Sonnenaufgang am Morgen beobachten. Den ersten fahlen Schimmer über dem See und den Sonnenuntergang am Abend, wenn die Sonne als roter Ball im Meer versinkt. Kraftvoll wie ein starker Held, sinnlich wie ein Bräutigam – oder vielleicht doch auch: schön wie eine Braut – kommt sie daher. Deshalb war sie schon im alten Orient Gottes schönstes Licht am Firmament.

Die ersten Christen haben sogar noch mehr zu sagen gewagt. Die laufende Sonne aus unserem Psalm, so dachten sie: Das ist die eine Gnadensonne Christus. Sie scheint hinein in unsere dunkle Welt. Er kommt aus seiner Kammer und läuft wie ein Held, mit uns zum Heil. Das Wort ward Fleisch und wohnte unter uns.

So bewegt der Psalm unser inneres Auge. Ich bin angeredet, Gott redet zu mir durch *die Schöpfung* hindurch. Ich bin gemeint: fühle mich animiert zum Staunen und Loben und Danken.

Gemeinsames Lied: *Die Himmel erzählen* (Str. 1 und 2)[16]

---

[16] KlangFülle, Liederheft für den Dt. ev. Kirchentag Hamburg, 12.

Predigt II

Ob dazu auch der zweite Teil des Psalms passt? *Das Gesetz des Herrn ist vollkommen und erquickt die Seele,* heißt es dort.

Also: *Weite der Schöpfung* contra *Strenge des Gesetzes*? Freiheit gegen Ordnung? Ist Gottes Wort für uns etwas Bedrohliches wie ein Gerichtsurteil oder etwas Schönes wie die Natur?

Lesung: Psalm 19,8-11.15

Das Gesetz des Herrn ist vollkommen
und erquickt die Seele.
Das Zeugnis des HERRN ist gewiss
und macht die Unverständigen weise.
Die Befehle des HERRN sind richtig
und erfreuen das Herz.
Die Gebote des HERRN sind lauter
und erfreuen die Augen.
Die Furcht des HERRN ist rein und bleibt ewiglich.
Die Rechte des HERRN sind Wahrheit, allesamt gerecht.
Sie sind köstlicher als Gold und viel feines Gold,
sie sind süßer als Honig und Honigseim.
Wer kann merken, wie oft er fehlt?
Verzeihe mir, Gott, die verborgenen Sünden.
Lass dir wohl gefallen die Rede meines Mundes
und das Gespräch meines Herzens vor dir, HERR,
mein Fels und mein Erlöser.

Auf einmal ist der Gottesname im Psalm ständig präsent, der Name „HERR" (hebräisch JHWH bzw. *Adonaj*) kommt allein in diesen drei Versen sechsmal vor. War in V2–7 nur von Gott die Rede, so geht es im zweiten Teil um den *Kyrios Israels und Herrn der Welt,* der sich mit Namen offenbart, sich Menschen zu erkennen gibt und von ihnen anrufen lässt.

Die Klarheit des göttlichen Wortes wird dadurch veranschaulicht, dass der Dichter in knappen Zweizeilern – poetisch wird dadurch die Präzision des Gesetzes illustriert – immer konkreter wird und damit gleichsam die menschliche Begegnung mit den Geboten abbildet.

Der rote Faden dieses Teils ist unser Körper, es wird also ganz leiblich.

Zunächst die Seele. Im Hebräischen eigentlich Kehle: Das Organ mit dem man schluckt. Wer Gottes Wort wahrnimmt, bekommt das Nötigste zum Leben, wird erquickt wie einer, der an einen frischen Bach kommt und Wasser trinkt.

Aber nicht nur für die Seele, auch für den Geist ist gesorgt. *Lebensweisheit, Ordnung für dein Leben* ist da drin: Wer Gottes Wort hört und aufnimmt, dessen Horizont erweitert sich.

Dann das Herz: Personzentrum des Menschen. Da spielen sich die Gefühle ab. Das dachten schon die alten Hebräer, aber auch wir spüren es. Herzschmerzen und Herzklopfen, das sind wir. Das menschliche Herz ist wie ein Schiff auf einem Meer, sagt Luther: Angst und Hoffnung, aber auch Trauer und Freude, vier Grundgefühle, die uns immer wieder bewegen. Mit denen auch Gottes Geist uns bewegt. Er reißt uns mit weg von Angst zu neuer Hoffnung, raus aus der Trauer zu neuer Freude! Es stellt unsere Füße auf weiten Raum, macht uns nicht klein, sondern groß, richtet uns auf!

Deshalb werden die Augen hell. Kennen Sie das, wenn aus den Augen unseres Gegenübers ein Strahlen kommt? Nicht nur ein Lächeln auf dem Mund, nein ein Strahlen der Freude aus den Augen. Wir Christen können das, denn wir bekommen Nahrung, sagt Psalm 19. Nahrung von Gott. Denn: Am Ende spricht des Psalmist gar von einem sinnlichen Genuss: Süß wie Honig schmeckt das göttliche Wort. Fünf sinnliche Stationen: Seele – Geist – Herz – Augen – Mund. Ich bin begeistert. Gott ist kein leibfeindlicher, steriler, sondern ein lebensfreundlicher, ein menschenfreundlicher Gott. Er macht mein Leben reich und schön, spricht zu mir in großer Klarheit...

Gemeinsames Lied: *Die Himmel erzählen* (Str. 3)

Predigt III

Psalm 19 ist ein wunderbares Kunstwerk. So wie Bachs Kantatensatz Präludium und Fuge in einem Satz enthält, sind hier im Psalm Schöpfung und Gotteswort (Thora) aufeinander bezogen. Man könnte es auch mit den zwei Tafeln eines großen Altarbildes, eine Diptychon, vergleichen. Der Evangelist Johannes hat diese Form mit seinem berühmten Christushymnus aufgenommen. *Am Anfang war das Wort*... Schöpfung durch das Wort. Und dann: *Das Wort ward Fleisch und wohnte unter uns*. Gott wird Mensch. Alles zusammen heißt: Der Himmel Gottes steht weit offen: für uns und für die ganze Welt.

Von der Freude an der Schöpfung und an diesem Wort dürfen wir Gott wieder etwas zurückgeben, unseren Dank und unser Lob. Loben zieht nach oben. Loben zieht himmelwärts. Aber auch all das, was nicht gelingt, woran wir leiden und scheitern, dürfen wir sagen. Das tut auch Psalm 19. Er schließt mit einem nüchternen Bekenntnis und holt uns damit auf die irdische, ja oft allzu irdische Erde zurück. Aber dieses Sündenbekenntnis macht uns nicht klein, sondern richtet uns auf. Denn wir wissen um Vergebung und bekommen sie nachher im Abendmahl zugesprochen.

Und damit wollen wir schließen: Diese Hoffnung gilt nicht nur uns. Denn ich bleibe dabei: Gottes Himmel geht über allen auf. Seine Liebe ist größer als alles in dieser Welt. Sie kommt uns in vielfacher Gestalt entgegen: Heute Morgen als großes Schöpfungskino und feinfühliges Wort. Amen.

Gemeinsames Lied: *Die Himmel erzählen*, Str. 4 und 5

„...so seid ihr recht frei!“ (Johannes 8) – Literaturpredigt mit Mark Twains *Die Abenteuer des Huckleberry Finn* und Gospelmusik

Biblische Lesung *(Vom Beten)* Matthäus 7,7-11

Chorgesang: *Ev'ry time, I feel the spirit* oder *It's me, o Lord*

Einleitung zur 1. Lesung

Mark Twain setzt mit seinem Roman dort ein, wo Tom Sawyers Abenteuer endeten. Die beiden Jungen haben das Diebesgut, das sie in einer Höhle gefunden haben – sage und schreibe 6000 Dollar in Gold – gewinnbringend angelegt und sind nun reiche Leute. Einen Dollar Zinsen pro Tag bekommt Huck und kann davon gut leben. Aber Geld allein macht ja bekanntlich nicht glücklich. Eigentlich gibt es für ihn nichts Schöneres, als in alten Klamotten herumzugammeln und in einem Fass zu dösen. Dennoch genießt er eine Zeitlang persönliche Zuwendung und religiöse Erziehung bei der Witwe Douglas und ihrer Schwester Miss Watson. Ja, er führt fast ein bürgerliches Leben, von wenigen Ausnahmen abgesehen...Huck Finn erzählt seine eigene Geschichte, wie ihm der Schnabel gewachsen ist.

Lesung 1: Beten, Essen, Deuten

Kurz bevor der Tag anbrach, kletterte ich auf den Schuppen und kroch in mein Fenster. Meine neuen Kleider waren ganz beschmiert und verdreckt, und ich war hundemüde. Na, ich dachte, ich kriegte am Morgen wegen meiner Kleider eine tüchtige Strafpredigt [...]; aber die Witwe schimpfte gar nicht... Dann nahm mich Miss Watson beiseite und betete, aber es kam nichts dabei heraus. Sie sagte, ich sollte nur jeden Tag beten, und um was ich auch bäte, ich würde es bekommen. Aber das stimmte gar nicht. Ich hab's ausprobiert. Einmal bekam ich eine Angel, aber keine Haken. Ohne Haken konnte ich aber nichts damit anfangen. Ich betete drei-, viermal wegen der Haken, aber es funktionierte nicht.

.... Ich ging zur Witwe und erzählte ihr davon, aber sie erklärte mir, ich solle den andern Menschen helfen und alles, was ich nur tun könnte, für sie tun und immer nur auf ihr Wohl bedacht sein und nie an mich selber denken.. Mit den anderen war auch Miss Watson gemeint, glaube ich.

Inzwischen ist eine Menge passiert. Huck Finn besucht die Schule, lernt Lesen und Schreiben und wird beinahe ein zivilisierter Junge. Da taucht sein alkoholsüchtiger Vater wieder auf, der ihm vorwirft, etwas Besseres sein zu wollen als er und schleppt ihn mit sich in eine Hütte am Fluss. Weil er ihn immer wieder schlägt, sieht Huck keine andere Möglichkeit, als sein Leben selbst in die Hand zu nehmen und durchzubrennen. Er nimmt die Hütte des Vaters mit allen Vorräten komplett aus und schafft alles auf ein Boot. Um sich möglichen Verfolgern zu entledigen, fingiert er seine eigene Ermordung. Er schießt ein Wildschwein, klebt seine Haare an eine Axt und hinterlässt eine große Schleifspur, die zum Fluss führt. Filmreif. Bald merkt er, dass man versucht, seine Leiche zu finden, und macht dabei eine spannende – sollen wir sagen religiöse? – Erfahrung.

Die Sonne stand schon hoch, als ich aufwachte…

Ich war ziemlich hungrig, aber es war nicht ratsam für mich, ein Feuer anzumachen, weil sie den Rauch hätten sehen können. … Der Fluss war an der Stelle eine Meile breit, und er sieht immer so schön aus einem Sommermorgen – so hätte mir es schon gefallen können, sie so nach meinen Überresten jagen zu sehen, wenn ich bloß zu essen gehabt hätte. Auf einmal fiel mir ein, dass man immer Quecksilber in Brotlaibe tut und sie aufs Wasser setzt, weil sie geradewegs zu der Leiche des Ertrunkenen schwimmen und dort haltmachen. Schön, dachte ich, ich will gut aufpassen, und wenn eines auf mich zugeschwommen kommt geb' ich ihm eine Chance. Ich wechselte hinüber zum Ilinoisufer der Insel, um mein Glück zu versuchen und wurde nicht enttäuscht. Ein großer Doppellaib kam daher, und ich erwischte ihn beinahe mit einem langen Stock, aber dabei rutschte ich aus und er schwamm weiter… Aber nach einer Weile kam ein zweites Brot, und diesmal schaffte ich's. Es war ein Bäckerbrot, wie es die feinen Leute essen – keins von den schäbigen Maisbroten.

Ich fand einen guten Platz zwischen den Blättern und setzte mich auf einen Stamm, kaute behaglich mein Brot, beobachtete das Fährboot und ließ mir's wohl sein. Plötzlich machte mich etwas stutzig. Ich dachte, jetzt hat sicher die Witwe oder ein Pfarrer oder sonst jemand für mich gebetet, das Brot möchte mich finden, und tatsächlich war's hergeschwommen und hatte mich gefunden. So muss also wirklich was an der Sache dran sein. ..

Gemeinsames Lied: *When Israel was in Egypt's Land*

Einleitung zur 2. Lesung

Ich habe keine Ahnung, ob Mark Twain[17] *dieses Lied kannte, mit dem sich die Sklaven in den Südstaaten gegenseitig die Befreiung Israels erzählt und Mut gemacht haben. Mark Twain (eigentlich: Samuel Langhorne Clemens) war das Kind einfacher Leute und lebte von 1835 bis 1910 in den USA. Seinen Schulbesuch musste er früh abbrechen, weil die Eltern kein Geld für ihn hatten. Nach einer Schriftsetzerlehre ließ er sich 1857 auf einem Mississippi-Dampfschiff zum Lotsen ausbilden, erlebte die Wirren des Sezessionskrieges und fing, immer wieder von Geldsorgen geplagt, 1862 an zu schreiben. Zunächst als Pressejournalist, dann als gesellschaftskritischer Schriftsteller, dem seine beiden Jugendromane – allerdings erst nach seinem Tod - Weltruhm einbrachten.*

Während alle Welt denkt, er sei tot, erfreut sich Huck bester Gesundheit und macht seinen Traum wahr, auf einem Floß den Mississippi hinunter zu fahren. Er lässt also auch die alte Miss Watson zurück, der gegenüber er so etwas wie Dankbarkeit und Respekt empfindet. Auf einer Insel trifft er wenig später Jim, den entlaufenen Sklaven von Miss Watson. Er hat sich aus Angst, in den Süden verkauft zu werden, aus dem Staub

---

[17] Mark Twain (eigentlich: Samuel Langhorne Clemens) wurde am 30. November 1835 in Florida, Missouri, als fünftes Kind von John Marshall Clemens und dessen Ehefrau Jane geboren. Er wuchs in der kleinen Hafenstadt Hannibal am Mississippi auf. Die verarmte Familie musste 1842 die einzige Sklavin verkaufen. Als Mark Twain elf Jahre alt war, starb sein Vater, und das Geld reichte nicht für einen weiteren Schulbesuch des Jungen. Obwohl er eine Schriftsetzerlehre absolviert und für die Zeitung seines Bruders in Hannibal geschrieben hatte, ließ er sich ab 1857 auf einem Mississippi-Dampfschiff zum Lotsen ausbilden und erhielt 1859 seine Lizenz, aber durch den Sezessionskrieg kam die Flussschifffahrt zum Erliegen und Mark Twain wurde arbeitslos. Daraufhin zog er mit seinem Bruder Orion nach Nevada, um dort Gold zu schürfen. Aufgrund des Misserfolgs begann er 1862 für die Zeitung "Territorial Enterprise" in Virginia City, Nevada, zu schreiben. Bei einem Artikel am 3. Februar 1863 verwendete er für einen humorvollen Reisebericht erstmals das Pseudonym Mark Twain, einen Begriff aus der Seemannssprache, der "zwei Faden [Wassertiefe]" bedeutet. 1864 zog Mark Twain nach San Francisco. Sechs Jahre später heiratete er Olivia Langdon und ließ sich mit ihr im Jahr darauf in Hartford, Connecticut, nieder, wo er, immer wieder geplagt von Geldsorgen, bis zu seinem Tod 1910 lebte. Übrigens soll Mark Twain der erste Schriftsteller gewesen sein, der statt eines handgeschriebenen ein auf einer Schreibmaschine getipptes Buchmanuskript einreichte.

gemacht. Bei Mark Twain wird er schlicht Nigger Jim genannt. Das war vor 150 Jahren „ so üblich". Zu ihm entwickelt Huck eine persönliche Beziehung, ja mehr noch, es entsteht eine etwas „ungleiche", aber umso echtere Männerfreundschaft. Gemeinsam träumen sie von der großen Freiheit für Jim, die in der Stadt Cairo am anderen Ufer des Mississippi beginnen soll. Doch sein Gewissen spielt Huck einen Streich…

Lesung 2: Von Freundschaft, Gewissensbissen und der Schwierigkeit, das Rechte zu tun

Wir schliefen fast den ganzen Tag und fuhren am Abend weiter, dicht hinter einem ungeheuer langen Floß her, das wie eine Prozession dahinzog… Es gab jetzt weiter nichts zu tun, als scharf nach der Stadt auszuspähen, damit wir nicht unversehens daran vorbeifuhren. Jim sagte, er würde sie ganz bestimmt sehen, denn in dem Augenblick wäre er doch ein freier Mann; wenn er sie aber verfehlte, wär' er wieder im Sklavenland und die Freiheit für immer dahin. Alle Augenblicke sprang er auf und rief: „Da sie sein!" …

Bisher war mir's noch nie so richtig zu Bewusstsein gekommen, was ich da eigentlich tat. Aber jetzt wusste ich's, und es ließ mich nicht los und peinigte mich immer mehr. Ich versuchte mir einzureden, dass man *mir* ja eigentlich keinen Vorwurf machen könnte, denn nicht ich hatte Jim seiner rechtmäßigen Besitzerin entführt; aber das half alles nichts, jedes Mal stand das Gewissen auf und sagte: ‚Aber du wusstest doch, dass er um seine Freiheit rannte, und du hättest an Land rudern und ihn anzeigen können' Das war nun einmal so – ich konnte mich nicht rausreden, auf keine Weise. Ach, wie mich das quälte. Das Gewissen sagte zu mir: „Was hat dir denn die arme Miß Watson getan, dass du zusehen konntest, wie ihr Nigger durchbrannte, direkt unter deiner Nase, ohne dass du ein Sterbenswörtchen gesagt hast?..."

Ich kam mir so gemein und erbärmlich vor, dass ich sehnlichst wünschte, ich wäre tot. Ich lief unruhig das Floß auf und ab und machte mich vor mir selber herunter, und Jim zappelte immer hinter mir her … und sagte, wenn er in einen freien Staat käme, wollte er Geld sparen und seine Frau loskaufen, dann wollten sie beide arbeiten, um die Kinder loszukaufen oder einen dingen sie zu stehlen.

Wir konnten beide nicht ruhig an einem Fleck bleiben…

Mein Gewissen setzte mir immer heftiger zu, bis ich ihm schließlich erwiderte: „Lass mich in Ruhe – es ist ja noch nicht zu spät, ich will an Land rudern, sobald sich ein Licht zeigt, und es sagen." Auf der Stelle war mir wieder wohl und froh und federleicht zumute, alle meine Sorgen waren wie weg geblasen.

Jim sprang auf und machte das Boot fertig, legte mir seinen alten Mantel auf den Boden zum Draufsetzen und gab mir das Ruder; und wie ich wegfuhr, sagte er: „Ganz bald werden ich schrein vor Freude, und ich werden sagen, es sein alles wegen Huck. Und ich sein freie Mann, und ich könnten nie frei sein, wenn nix wären Huck; er haben es getan. Jim wollen das nie vergessen, Huck; du sein der beste Freund, was Jim im Leben haben; und du sein die einzigste Freude, was alte Jim jetzt haben."

Hitzig hatte ich mich aufgemacht, ihn zu verraten, aber als er das sagte, war's um meinen guten Mut geschehen. Langsam fuhr ich davon und wusste nicht recht, ob ich froh sein sollte über meinen Aufbruch oder nicht. Als ich an die fünfzig Meter weg war, rief Jim noch: „Da gehen du, alte treue Huck; die einzigste weiße Mann, was jemals halten sein Versprechen zu alte Jim." Ach, mir war ja so elend zumute….

Wenig später begegnet Huck zwei Männern, die fünf entlaufene Sklaven suchen. Gierig auf lockende Belohnung wollen sie auch sein Boot zu durchsuchen. Durch eine Notlüge – Huck täuscht eine gefährliche Krankheit seiner Familie vor – schafft er es, die beiden davon abzubringen und bekommt sogar noch von beiden noch vierzig Dollar geschenkt.

„Ja mein Junge, mach's gut, wenn du einen entlaufenen Nigger siehst, hol dir Hilfe und greif ihn, du kannst Geld damit machen."

„Auf Wiedersehn, Sir" sagte ich. „Ich werde schon keinen entlaufenen Nigger vorbeilassen, wenn ich ihn halten kann." Sie fuhren davon, und ich ging an Bord des Floßes und kam mir schlecht und erbärmlich vor, weil ich sehr wohl wusste, dass ich unrecht getan hatte, und ich sah auch, dass es gar keinen Zweck hatte, wenn ich mir Mühe gab, das Rechte zu tun; […]. Dann überlegte ich eine Minute und sagte zu mir selber: Aber denk doch, wenn du recht getan und Jim verraten hättest, wär dir dann wohler als jetzt? Nein, sagte ich, mir wär' hundeelend zumute – genauso wie jetzt. Also, sagte ich, was hat es dann für einen Zweck, sich erst Mühe zu geben, das Rechte zu tun, wenn recht tun bloß beschwerlich, unrecht tun aber ganz mühelos und der Lohn bei beidem gleich ist? Da saß ich fest und wusste keine Antwort darauf…

Evangelium: **Matthäus 5,3-10 (Seligpreisungen) unterlegt mit Musik**

Gemeinsames Lied: *Halleluja* (EG 182,1-4)

Einleitung zur 3. Lesung

Inzwischen ist eine Menge passiert, Huck Finn gerät immer wieder in die Gesellschaft zwielichtiger Gestalten. Dazu gehört ein Gaunerpärchen, das sich großspurig König und Herzog nennt. Sie spielen Theater, halten Missionspredigten und erzählen dem gutgläubigen Volk allerhand Geschichten, um an Geld zu kommen. Dann lassen sie sich – der Gipfel an Dreistigkeit – in einem feinen Haus nieder, wo der Besuch eines Verwandten aus England erwartet wird. Der König spielt die Rolle des unbekannten Gastes so perfekt, dass es Huck beinahe schwindelig wird. Doch auch hier agiert er klug und verantwortungsbewusst und schafft es, das Ränkespiel der beiden Wichte, die das ganze Hab und Gut der Familie versteigern wollen, aufzudecken. Leider gelingt ihnen die Flucht, als der echte Onkel aus England auftaucht. Huck ist sie also nicht los und unterschätzt zudem die Hartnäckigkeit und Bösartigkeit der beiden Männer. In einer unbeobachteten Minute überwältigen sie den ahnungslosen Jim und verkaufen ihn für 40 Dollar an einen Unbekannten.

Huck steht nun ziemlich alleine da, hat aber Glück im Unglück, denn er findet rasch heraus, wohin Jim verkauft wurde. Es handelt sich um die fromme Familie Phelps (Onkel Silas und Tante Sally), in der Huck – welch eine Fügung des Schicksals - in Folge eines Missverständnisses als Tom Sawyer *empfangen wird. Es fällt ihm nicht schwer, die Rolle seines langjährigen Freundes zu spielen…*

Als dann der echte Tom Sawyer auftaucht, ist guter Rat teuer. Doch die beiden sind wieder um keine Ausrede verlegen. Sie geben Tom kurzerhand als dessen Bruder Sid (Sawyer) aus und schmieden einen großen Plan. Sie wollen Jim, der auf der Farm der Phelps in einer kleinen Hütte festgehalten wird, um eines Tages seinem eigentlichen Herrn wieder übergeben zu werden, endgültig befreien.

Allerdings handelte es sich dabei nicht um eine gewöhnliche Befreiungsaktion. Tom Sawyer hat da seine eigenen Vorstellungen. Zu einer richtigen Befreiung gehört für ihn – wie in einem zünftigen Historienroman - eine dreiwöchige Vorbereitung, bei der allerlei Utensilien zu dem Gefangenen geschmuggelt werden. Ja sogar ein Zoo von Ratten, Spinnen und Schlangen leistet ihm Gesellschaft.

3. Lesung: Nächtliche Befreiung mit Hindernissen

Nun nach drei Wochen etwa war alles in bester Ordnung. Das Hemd war beizeiten in einer Pastete zu Jim gelangt, und jedes Mal, wenn ihn eine Ratte gebissen hatte, stand er auf und schrieb ein bisschen an seinem Tagebuch, solange die Tinte frisch war. Die Federn waren fertig, die Inschriften und alles das waren auf dem Mühlstein eingeritzt, der Bettpfosten war durchgesägt, und das Sägemehl hatten wir aufgegessen, was uns ganz erstaunliches Bauchweh eintrug. Wir dachten, wir müssten alle sterben, aber dann blieben wir doch am Leben. Es war aber auch das unverdaulichste Sägemehl, das mir je vorgekommen ist; und Tom fand das auch. Doch wie gesagt, waren wir schließlich fertig mit allen Arbeiten, und ganz schön erledigt waren wir auch, vor allem Jim. Der alte Herr hatte inzwischen an verschiedene Plantagen unterhalb von Orleans geschrieben, sie sollten kommen und ihren entlaufenen Nigger abholen, hatte aber keine Antwort bekommen; so beschloss er, Jim in den Zeitungen von Saint Louis und New Orleans auszubieten; doch als er St. Louis nannte, überlief's mich kalt, und ich sah, dass wir keine Zeit zu verlieren hatten. Tom meinte, jetzt sei der rechte Zeitpunkt für die anonymen Briefe. „Was ist denn das?" fragte ich. „Warnungen für die Leute, dass was im Gange ist"... Tom schrieb also den anonymen Brief, und ich klaute in der Nacht ein Kleid von dem Niggermädchen und zog es an und schob den Brief unter die Haustür, wie Tom mir's gesagt hatte. In dem Brief stand: Vorsicht! Unheil im Anzug. Seid wachsam.

Ein unbekannter Freund.

Was dann folgt, ist an Dramatik kaum zu überbieten. Tom hat die Energie seiner Verwandtschaft, die immer noch keine Ahnung davon hat, dass Jim befreit werden soll, erheblich unterschätzt.

Damit ging Tante Sally weiter, während ich die Tür öffnete und ins Wohnzimmer trat. Du liebe Güte, waren da eine Menge Leute drin! 15 Farmer, und jeder einzelne hatte eine Flinte. Mir wurde ganz schwach, und ich schlich zu einem Stuhl und setzte mich... Dann sagte sie: „Jetzt aber marsch ins Bett, und lass dich ja nicht mehr blicken bis morgen früh".

In einer Sekunde war ich die Treppe hinauf und in der nächsten den Blitzableiter wieder runter und flitzte durch die Dunkelheit nach dem Anbau. Ich kriegte kaum noch Worte raus, so aufgeregt war ich, aber ich erklärte Tom doch so schnell ich konnte, dass wir hier weg müssten.... Da hörten wir plötzlich Männerschritte vor der Tür und hörten auch, wie sie sich am Schloss zu schaffen machten und wie einer sagte: ‚Ich habe euch ja gleich gesagt, wir kommen zu früh, sie sind noch nicht da – die Tür ist noch verschlossen..."

Sie kamen also rein, konnten uns aber im Dunkeln nicht sehen und traten fast auf uns, während wir in dem Gedränge versuchten, unter das Bett (von Jim) zu kriechen. Wir gelangten auch richtig drunter und durchs Loch hinaus, schnell aber behutsam – Jim zuerst, ich als nächster, und Tom zuletzt, denn so hatte es Tom befohlen... Wir schlüpften hinaus und schlichten, einer hinter dem andern gebückt auf den Zaun zu, erreichten ihn auch glücklich, und im Nu waren Jim und ich drüber; Toms Hosen aber verfingen sich an einem Span des obersten Querholzes, und dann hörte er die Schritte näher kommen und musste sich gewaltsam losreißen, wobei der Span abbrach und ein Geräusch machte; und wie er glücklich drüber war und uns nachsetzte, rief jemand: „Wer da? Antwort oder ich schieße!" Aber wir gaben keine Antwort; wir nahmen die Beine in die Hand und rasten davon. Auf einmal gab's ein Sausen und ein Peng, peng, peng! Und die Kugeln pfiffen nur so um die Ohren" Wir hörten sie rufen: Hier sind sie! Sie sind nach dem Fluss unterwegs! Nach Jungens! Und macht die Hunde los!"...

Aber es waren ja unsere Hunde, so blieben wir ruhig stehen, bis sie heran waren, und als sie merkten, dass wir es waren und gar kein Grund zur Aufregung, da begrüßten sie uns nur eben und stürmten gleich weiter auf das Gebrüll und Getöse zu; wir aber gaben von neuem Dampf und sausten hinterher, bis wir dicht bei der Mühle waren, und dann schlugen wir uns durchs Gebüsch zu der Stelle, wo mein Boot festgemacht war, sprangen hinein, und ruderten ums liebe Leben auf den Fluss hinaus, ohne dabei mehr Geräusch zu machen als nötig war. Dann steuerten wir ruhig und behaglich der Insel zu, wo mein Floß verborgen lag.... Und wie wir endlich unser Floß betraten, sagte ich: „Jetzt, alter Jim, bist du wieder ein freier Mann, und verlass dich drauf, du wirst nie wieder ein Sklave sein."

Chor (Gospel): *Freedom is coming*

Einleitung zur 4. Lesung

Die Bilanz der lange ersehnten Nacht der Freiheit ist nicht gerade rosig. Tom hat im Kugelhagel mehr abbekommen als gedacht. Eine Kugel steckt fest in seiner Wade, die sich bald schwer entzündet. So fühlt sich Huck gezwungen, sein Versteck aufzugeben und Hilfe bei einem alten Doktor zu holen. Die ganze Geschichte fliegt auf, und Jim wird wieder eingefangen. Die nahe Freiheit scheint verspielt, die Situation für Jim jedenfalls deutlich schlechter als zuvor. Ach, hätten die beiden Lausejungen doch den schnellsten Weg gewählt und Jim schnörkellos befreit...Dann wäre er längst über alle Berge...denkt man.

4. Lesung: Eine befreiende Überraschung

Ich folgte den andern Leuten, um zu sehen, was sie wohl mit Jim machen würden; und der alte Doktor und Onkel Silas begleiteten Tom ins Haus. Die Leute waren sehr erzürnt und wollten Jim aufhängen, als abschreckendes Beispiel für alle andern Nigger in der Gegend, damit sie ja nicht auch mal versuchten, durchzubrennen wie Jim und alles so in Verwirrung zu bringen und eine ganze Familie tage- und nächtelang in Todesängste zu versetzen... Und schließlich wollten sie sich alle gerade mit einem Abschiedsfluch verkrümeln, als der alte Doktor hereinschaute und sagte: „Behandelt ihn nicht härter als nötig, denn er ist kein schlechter Nigger. Als ich zu dem Jungen kam, sah ich, dass ich die Kugel nicht ohne Hilfe entfernen konnte, und er war andrerseits in einer Verfassung, dass ich ihn unmöglich allein lassen und Hilfe holen konnte, und es wurde schlimmer und schlimmer mit ihm, und schließlich kam er ganz von Sinnen und wollte mich nicht mehr in seine Nähe lassen... und sagte denn laut zu mir selber: ‚Ich muss irgendwie Hilfe herbeiholen' und kaum hatt' ich's gesagt, da kroch dieser Nigger von irgendwo herbei und sagte, er wolle mir helfen, und er machte es auch, sogar sehr gut. Natürlich dachte ich gleich, es müsse ein entlaufner Nigger sein ... Es war eine verzwickte Lage, sage ich euch! Im Ort hatte ich ein paar fieberkranke Patienten liegen, und natürlich wär ich gern hinübergefahren, um nach ihnen zu sehen, aber ich wagte es nicht, denn der Nigger konnte ja inzwischen durchbrennen, und mich träfe dann die Schuld... So musste ich eben bleiben, bis zum Tagesanbruch heute morgen; aber nie habe ich einen Nigger gesehen, der eine bessere und treuere Pflegerin abgegeben hätte, und dabei setzte er seine Freiheit damit aufs Spiel und war obendrein selber ganz erschöpft, und ich sah deutlich, dass er in letzter Zeit mächtig überanstrengt worden war. Ich gewann den Nigger richtig lieb deswegen; und ich sag euch, meine Herrschaften, so ein Nigger ist seine 1000 Dollar wert – und eine freundliche Behandlung obendrein."...

Irgendjemand sagte: „Na das klingt ja sehr gut, Doktor, das muss ich sagen." Auch die andern beruhigten sich ein bisschen, und ich war dem alten Doktor schrecklich dankbar, dass er Jim einen so guten Dienst geleistet hatte; und ich war auch froh, dass meine Meinung von ihm stimmte, denn gleich, wie ich ihn das erste Mal sah, dachte ich, er müsse ein gutes Herz haben und ein guter Mann sein.... So versprach denn jeder einzelne sogleich von Herzen, Jim nicht mehr zu beschimpfen....

Inzwischen wird der verletzte Held Tom Sawyer mit seiner Kugel im Bein weiter gepflegt und offenbart Tante Sally und der ganzen Familie, welches Stück eigentlich gespielt wurde. Die Befreiung von Jim war eine Inszenierung des Regisseurs Tom Sawyer, der sich und der Nachwelt damit ein Denkmal setzen wollte. Seine nicht gerade zerknirschte Beichte klingt so:

„Ich kann dir sagen, Tantchen, eine Menge Arbeit hat uns das gemacht – wochenlang, Stunden und Stunden jede Nacht, während ihr alle schlieft. Und Kerzen mußten wir stehlen und das Laken und das Hemd und dein Kleid und Löffel und Zinnteller und Küchenmesser und die Wärmpfanne und den Mühlstein und Mehl und unzählige andere Dinge, und du kannst dir nicht vorstellen, was für eine Schinderei es war, die Sägen und Federn und Inschriften und alles das zu machen; und welchen Spaß das gemacht hat, kannst du dir erst recht nicht vorstellen. Und die Bilder mit den Särgen und alledem mussten wir malen und die anonymen Briefe von den Räubern schreiben, und immer am Blitzableiter rauf- und runterklettern, und das Loch in die Hütte graben, und die Strickleiter anfertigen und sie in eine Pastete einbacken und Jim zustecken... und die Hütte mit Ratten und Schlangen und dem ganzen Viehzeug bevölkern, für Jim zur Gesellschaft; und dann hast du Tom (gemeint ist: Huck) so lange mit der Butter in seinem Hut dabehalten, dass du beinahe alles verdorben hättest, denn die Männer kamen, ehe wir noch aus der Hütte raus waren, und wir mussten uns schrecklich beeilen, und sie hörten uns und knallten hinter uns her, und ich kriegte mein Teil ab, und dann sind wir vom Weg runter und haben sie vorbeigelassen, und als die Hunde kamen, kümmerten sie sich gar nicht weiter um uns, sondern liefen dem größten Lärm nach, und wir erreichten unser Boot und fuhren zum Floß und waren alle in Sicherheit, und Jim war ein freier Mann, und das alles haben wir ganz alleine gemacht, ist das nicht großartig, Tantchen?"

„Na, all mein Lebtag hab' ich so was noch nicht gehört! Ihr verdammten Bengels, da habt ihr uns also all die Aufregung gemacht und jeden reinweg um den Verstand gebracht uns bald zu Tode erschreckt... Na sei mir du nur erst gesund, Bürschchen, dann wird ich euch beiden schon das Fell gerben, dass euch Hören und Sehen vergeht!"

Aber Tom war viel zu stolz und glücklich, er konnte einfach nicht an sich halten, und seine Zunge ging durch mit ihm – während sie einfiel und immerzu Feuer spuckte, und so sprudelten beide durcheinander, die reinste Katzenversammlung; und schließlich sagte sie: „Ja, freu dich nur, aber das kann ich dir sagen, wenn ihr euch noch einmal mit ihm einlasst—„

„Einlassen mit wem?" fragte Tom, lässt sein Lächeln fallen und macht ein erstauntes Gesicht. „Mit wem? Na, mit dem entlaufenen Nigger natürlich. Was dachtest du denn?" Tom sieht mich sehr ernst an und sagt: „Tom, hast du mir nicht gerade erzählt, er sei gut aufgehoben? Ist er denn nicht weggekommen?" „Der?" sagt Tante Sally; „der entlaufne Nigger? Beileibe nicht. Sie haben ihn wohlbehalten zurück gebracht, und jetzt sitzt er wieder in seiner Hütte, bei Wasser und Brot und in Ketten, bis er zurückgefordert oder verkauft wird."

Tom richtet sich kerzengerade im Bett auf, seine Augen glühen, seine Nasenflügel öffnen und schließen sich wie Kiemen, und er schreit mich an: „Sie haben kein Recht, ihn einzusperren! Schnell! Verlier keine Minute! Mach ihn los! Er ist kein Sklave, er ist so frei wie jedes andre Geschöpf auf dieser Erde!"

„Was meint das Kind bloß?"

„Ich meine jedes Wort, das ich sage, Tante Sally, und wenn niemand andres geht, dann geh ich selber. Ich hab ihn mein Leben lang gekannt, und Tom hier auch. Die alte Miß Watson ist vor zwei Monaten gestorben, und sie hat sich geschämt, dass sie ihn damals den Fluß runter verkaufen wollte, und hat's auch zugegeben; und in ihrem Testament hat sie ihm die Freiheit geschenkt."

„Aber warum in aller Welt habt ihr ihn da befreien wollen, wo er doch schon frei war?"

„ Na so eine Frage! – ich muss schon sagen – so können auch nur Frauen fragen! Es war doch ein Abenteuer!"

In diesem Moment taucht Tante Polly, die Erziehungsberechtigte von Tom, auf. Sie ist mehrere hundert Meilen über den Fluss gereist, um nach dem Rechten zu sehen und bestätigt, was Tom über Jim und das Testament der alten Miß Watson gesagt hat. Es kommt zu einer turbulenten Aufklärung über zurück gehaltene Briefe, falsche Namen und vieles andere.

Am Ende des Buches steht eine Szene mit Huck, Tom und Jim. Huck berichtet:

Als ich Tom das erste Mal wieder allein traf, fragte ich ihn, was eigentlich damals bei der Flucht seine Absicht gewesen wäre – was er vorgehabt hätte, wenn alles gut gegangen und es ihm wirklich gelungen wäre, einen Nigger in Freiheit zu setzen, *der schon frei war*? Und er sagte, er habe von Anfang an vorgehabt, mit Jim, falls wir ihn sicher herausgebracht hätten, auf dem Floß den Fluss hinunterzufahren, bis zur Mündung, und eine Menge Abenteuer zu bestehen, ihm dann zu sagen, dass er frei sei, und ihn mit allem Aufwand auf einem Dampfboot nach Hause zurückzubringen und für die verlorene Zeit zu bezahlen, vorher aber daheim Nachricht zu geben und alle Nigger aus der Gegend zusammenzutrommeln, damit sie ihn mit Fackelzug und Blechkapelle in die Stadt geleiteten, und dann wäre er als Held gefeiert worden und wir dazu. Aber ich dachte, so wie es gekommen war, war's genauso gut.

Chor: *Free at last*

Predigt (mit Johannes 8,31-36)

Liebe Gemeinde,

ist das nicht eine großartige Geschichte? Spannung und Unterhaltung, Heiteres und Nachdenkliches auf 350 Seiten! Ja, ich lese Huck Finns Abenteuer auch nach 30 Jahren wieder mit Begeisterung. Auf Schritt und Tritt werde ich aber auch zum Nachdenken angeregt, zum Nachdenken über eine Vision, die Menschen aller Generationen beschäftigt und fasziniert hat, die große *Vision Freiheit*. In der französischen Revolution hat sie Menschen ebenso bewegt wie im 20. Jahrhundert. Man denke an Mahatma Gandhi in Indien, an Martin Luther-King in den USA, an Nelson Mandela in Südafrika und die vielen Menschen, die mit ihnen gemeinsam für ein Leben in Freiheit demonstriert haben. Und auch heute gibt es sie, tapfere Freiheitskämpfer in Libyen, Ägypten oder Syrien. Ich habe großen Respekt vor ihrem Mut. Sie wagen den Aufbruch, versuchen die Welt anders zu gestalten für sich und ihre Kinder, kämpfen für eine Welt, in der Raum ist für unterschiedliche Überzeugungen und Religionen.

Wirken da die ironischen, manchmal auch einfach komischen Schilderungen Mark Twains nicht einigermaßen harmlos und überholt? Nun, ich gebe zu: Der große Fluss, das treibende Floß, die Abenteuer mit Gaunern und die Heldentaten von zwei halbwüchsigen Lausbuben, das sind noch keine letzten Fragen. Und doch fasziniert mich, dass diese Geschichte gerade im Kleinen so große Momente enthält. Ich leide und fiebere mit Huck Finn und Jim, wenn sie beinahe geschnappt werden, bin hin- und hergerissen von den kleinen spontanen, Leben rettenden Lügengeschichten Hucks, aber auch von seiner ehrlichen Art, über Gewissensfragen nachzudenken... Seine heitere Gelassenheit empfinde ich als beispielhaft. Ja, auch die fast kindliche Art, wie er plötzlich einen heran schwimmenden Laib Brot als Erhörung eines Gebetes interpretiert, lässt mich staunen...

Doch schauen wir nun nochmals auf das Ende der Geschichte. Ein dickes Ende, mit allerhand Überraschungen. Das Testament der alten Miß Watson bringt eine ganz neue Situation ans Licht: *Jim ist längst frei.* Der Aufwand der nächtlichen Befreiungsaktion entpuppt sich im Nachhinein als unnötig, er war geradezu eine Farce.

Hier möchte ich einsetzen und fragen: Ist das eigentlich nur eine literarische Figur oder steckt womöglich eine tiefe Wahrheit darin?

Martin Luther sagte 1520 kurz vor seinem mutigen Auftritt beim Reichstag zu Worms:

Ein Christenmensch ist ein freier Herr aller Dinge und niemandem untertan.

Ein Christenmensch ist ein dienstbarer Knecht aller Dinge und jedermann untertan.

Haben wir den ersten Satz dieser Botschaft eigentlich überhört? Freie Leute, Frauen und Männer, Kinder und Jugendliche sind wir. Wow! Das ist doch mal eine Aussage. Oder klingt sie so selbstverständlich in unseren Ohren, dass wir sie einfach überhören? Und immer gleich das Zweite hören? Du sollst dienen, helfen, agieren… statt zunächst einmal ganz passiv wahrzunehmen: Ich bin frei.

Ich ertappe mich jedenfalls dabei, wie ich in Tom-Sawyerscher Manier immer wieder *Strickleitern eigener Klugheit* zusammenknote, *Pasteten schöner Reden* formuliere und *Höhlen guter Werke grabe*, also lieber mein eigenes Ding drehe, anstatt mich auf Gottes Freispruch zu verlassen. So ähnlich ging es Martin Luther als Mönch. Er wollte sich die Freiheit auch selbst verdienen Davon singt ein Lied, in dem er seine Freiheitserfahrung in Verse und Musik gegossen hat. Nach der fröhlichen ersten Strophe kommt ein tiefer Sturz, eine Art „Höllenfahrt der Selbsterkenntnis". Luther lässt uns in seine, ja vielleicht auch in unsere eigenen Abgründe schauen. Tief verstrickt sieht er sich in den krampfhaften Zwang, sich selber befreien zu wollen und es nicht zu können:

Gemeinsames Lied: *Nun freut euch, lieben Christen g'mein* (EG 341,1-3)

Zum Glück ist das Lied nicht hier zu Ende. Luther fand einen Ausweg, besinnt sich wie Tom und Huck auf ein Testament, das *Neue Testament*, den befreienden Nachlass Jesu. Wie einen lange verborgenen Schatz entdeckt er alte Sätze und lässt sie neu für sich klingen. Bei Johannes in Kap. 8 (V34-36) steht:

Wahrlich ich sage euch, wer Sünde tut, der ist der Sünde Sklave. Der Sklave aber bleibt nicht ewiglich im Haus, das Kind jedoch bleibt ewig. Wenn euch nun der Sohn frei macht, so seid ihr recht frei.

Diese Perspektive finde ich großartig. Jesus Christus hält seinen Vorzug, Gottes Sohn zu sein, nicht fest wie ein Räuber seine Beute, sondern gibt uns Anteil daran. „Auch ihr seid Töchter und Söhne Gottes", sagt er, „nicht mehr *Sklaven*". Ihr seid nicht nur geduldet, sondern von Herzen willkommen in Gottes Haus. Als seine Kinder seid ihr von Geburt an versorgt und gepflegt, eingekleidet und genährt.... Ein solches Recht, sagt Jesus, bekommst du bei Gott durch mich. Deshalb halt dich an mich. Kindschaft musst du und kannst du dir gar nicht dauernd neu verdienen, sie ist dir unwiderruflich geschenkt.

Damit wir das nicht vergessen, hilft uns wie bei Huck Finn die Erinnerung an ein Testament. Das Testament von Jesus Christus lautet: „Das ist mein Leib, der für euch gegeben wird." Beim Abschiedsmahl mit seinen Freunden hat er das gesagt und ihnen damit Freiheit und neues Leben versprochen, vergleichbar mit dem Loskauf auf einem Sklavenmarkt. *Das ist mein Leib für euch gegeben,* heißt: Ich gehe für dich, an deiner Stelle und überwinde für dich den Tod. Für die Menschen in der Antike war das ebenso aufregend wie für Tom, Huck und Jim. Was da passiert, ist der Beginn einer neuen Existenz: frei sein, losgekauft, das Leben noch einmal ganz neu anfangen. Ja, wir können noch mehr sagen. Damit beginnt nicht nur der Rest deines irdischen Lebens, es geht noch darüber hinaus. Gott hat dir den Himmel aufgeschlossen. Dieses Versprechen gibt uns das Testament, das Jesus seinen Freunden - nein allen Menschen! - gegeben hat.

Es macht dich unabhängig von dem, was andere über dich sagen und es macht dich frei für andere da zu sein, so wie Huck für Jim und Jim für Tom da war, und sie einander beistanden. In dieser Freiheit kann man frei atmen und gut leben. Drum fang am besten heute damit an.

Gemeinsames Lied *Nun freut euch* (EG 341, 4-7)

„*Damit es auch andere hören und herzukommen*" – Liedpredigt beim Missionsfest[18]

Warum singen wir eigentlich? Warum singen wir in der Kirche und beim Missionsfest? Ist Singen eigentlich besonders christlich?

Und was soll da gesungen werden? Gibt es dafür eine Art Programmvorgabe von höherer Stelle, eine *missio musicalis* womöglich mit einer Art Singe-Dienstplan?

Versuchen wir diesen Fragen näher zu kommen und zwar mit keinem Geringeren als Paul Gerhardt an der Seite. Ein Blick in die Psalmen und ins Neue Testament kann dabei natürlich auch nicht schaden. Paul Gerhardt eröffnet sein berühmtes Kirchenlied, das wir gerade schon angestimmt haben, mit dem schlichten Satz: „ich singe dir". Damit ist eine klare Richtung vorgegeben: Ja, es gibt einen Absender: *Ich. Und einen Empfänger: Du. Wie bei einem Brief*. Ich singe nicht nur für mich allein wie das Mädchen im Zug, sondern für Dich. Doch damit nicht genug. Ich singe dir mit Herz. Hui… da fällt mir das Ständchen ein, das man(n) in früheren Zeiten seiner Liebsten unter dem Balkon gesungen hat. Ich habe mich das nie getraut, aber immerhin einmal meine frühpubertäre Leidenschaft in Lied und Dichtung gepackt… - mittlerer Erfolg, eher peinliches Schweigen im Wohnzimmer der angehenden Schwiegermutter. Ich singe dir mit Herz. *Singen ist Herzenssache*: Da knistert was, finde ich. Singen, liebe Schwestern und Brüder, Singen ist offenbar ein Beziehungsgeschehen.

Noch ist die erste Zeile des Verses nicht komplett: Ich singe dir mit Herz *und Mund*. Singen ist nicht nur etwas Emotionales, sondern auch etwas Sinnliches, nicht nur etwas Spirituelles sondern auch etwas Ästhetisches. Es hat eine Innen- und eine Außenseite. Singen wird auch laut, denn Musik gehört gehört. Dazu fällt mir eine Lieblingsstelle im NT zur Musik ein. Ich nenne sie gerne die *Einsetzungsworte der Kirchenmusik*: Lehrt und ermahnt einander mit Psalmen, Hymnen und lieblichen Geistliedern, singt und spielt Gott dankbar in euren Herzen.

Da haben wir's wieder: das Herz. Paul Gerhardt war nicht beim Kirchentag in Dresden, und hatte doch auch eine Herzschwäche. Oder besser:

---

[18] Hermannsburg, Missionsfest Juni 2011, Bibelarbeit.

eine Herzstärke. Ich singe dir mit Herz und Mund, Herr, meines Herzens Lust. Gleich zweimal hintereinander! Ach und jetzt ist es raus, wer angesprochen oder besser: angesungen ist.

Wir wissen es ja schon. Gott selbst ist angeredet, aber – dies gilt es zu beachten: ein Gott, dessen man sich nicht zu schämen braucht: Herr, meines Herzens Lust. Ein freundlicher, ein zugewandter, ein liebender Gott, der Lust macht auf Glaube und natürlich auf Singen. Die Tonart ist wichtig: Singen ist keine lästige Pflichtübung, sondern eine Aktion, bei der es fröhlich lustvoll zugehen darf. Nein, liebe Schwestern und Brüder, da brauchen wir nicht rot zu werden. Denn, das was uns motiviert ist wahrlich Welt bewegend:

Martin Luther schreibt in einer Gesangbuchvorrede: Singet dem Herrn ein neues Lied, denn Gott hat uns Herz und Mut fröhlich gemacht durch seinen lieben Sohn, den er uns gegeben hat zur Erlösung von Sünden Tod und Teufel. Wer solches mit Ernst glaubt, der kann es nicht lassen, er muss fröhlich und mit Lust davon singen und sagen, dass es auch andere hören und herzukommen.

Welch eine Steilvorlage für unser Missionsfest: *mit Lust singen und sagen, damit es auch andere hören und herzukommen*! Dazu passt die dritte Zeile: *Ich sing und mach auf Erden kund*: Paul Gerhardt macht aus der Herzenssache keine Verschlusssache, aus seinem Glauben keine „intime Privatkiste“, wie wir es oft tun, sondern posaunt es laut hinaus: Der Glaube an Gott geht euch alle an.

Gerade weil die Botschaft vom Sieg Gottes über Sünde, Tod und Teufel so großartig ist und den ganzen Menschen, ja die ganze Welt angeht, sollen auch wir alle Register ziehen. Redet darüber, nein besser noch: singt davon. Denn das Singen ist eine *gesteigerte, eine höhere Form der Kommunikation*. Beim Singen tun sich der schöne Klang eurer Stimme und der Sinn eurer Worte zusammen, Rede und Melodie werden verheiratet. Zur Sprache kommen der Sound und der Rhythmus. Das macht euch weder eine Biene noch ein Vogel nach.

Ich sing und mach auf Erden kund. Rund um die Erde soll es gehen das neue Lied – unglaublich. Ich denke an Neanders Lied *Lobe den Herren*, übersetzt in über 100 Sprachen. Louis Harms und Graf Zinzendorf und viele andere Missionare haben diese Vision geteilt: das neue Lied geht um die Welt, es umspannt den ganzen Erdkreis. Ich denke an die Posaunenarbeit in Ostafrika, an das Harmonium in den Gebirgstälern Nordindiens, an Muscheltrompetenorchester in Indonesien u.v.a. Die Musik hat die Missionsgeschichte geprägt. Das war nicht nur unproblematisch, wir wissen das, aber heute dürfen wir – Gott sei es gedankt - erleben, wie afrikanische, asiatische und südamerikanische Lieder in großem Reichtum zu uns zurückkommen. Der Kreis schließt sich! Heute Nachmittag werden wir etliche afrikanische Lieder hören und selbst singen. Singen verbindet, stellt eine universale Gemeinschaft von Christen her. Was Theologie und Dogmatik oftmals nicht geschafft haben, das schafft das neue Lied von der Freude in Gott: es ist eine Brücke der Herzen und Konfessionen.

Das ist schon eine Antwort auf die Frage: Warum singen wir eigentlich in der Kirche? Man könnte auch sagen: Weil es uns aufgetragen ist: *Singet dem Herrn ein neues Lied, denn er tut Wunder*. Aber auch, weil uns danach ist, weil es aus uns heraussingt und -klingt… Was Miriam am Roten Meer als Reaktion auf Gottes Wunder getan hat: nämlich singen, tanzen und trommeln, dem wollen wir nicht nachstehen. Spontanes Gotteslob, ganzheitlich: mit Herz und Mund, Stimme und Instrumenten, Leib, Seele und Geist. Darauf zielt die letzte Zeile: *was mir von dir bewusst*: Singen ist auch eine geistliche und geistige Vergewisserung, nicht nur das Herz und der Bauch, auch der Kopf ist dabei. Darum singen wir in der Kirche: wir geben uns gegenseitig Rechenschaft über unsren Glauben, erzählen, was uns trägt!

Also damit nochmals zur Frage: Warum singen wir eigentlich beim Missionsfest?

Die Kommunikation des Evangeliums braucht eine gewinnende Gestalt. Denn die message, da sind wir uns einig, ist schlechterdings nicht zu toppen. Der Tod ist besiegt, der Himmel ist uns aufgeschlossen und die Hölle zu. Grund zum Jubeln. Deshalb braucht es zur Proklamation dieser message auch einen guten Sound: *Ich sing und mach auf Erden kund!* Beim Fußball in England gilt die Devise: *They only win, when we are singing*: Die Mannschaft gewinnt nur, wenn wir kräftig genug singen: Übertragen auf uns: *We only win, when we are singing:* Nur als singende Kirche sind wir eine überzeugende, gewinnende, einladende. Mission ohne Musik ein Unding. Es ist die Geste der Einladung, ja des Liebesliedes. *Lasst euch versöhnen mit Gott.* Diese freudige Stimmung trägt unseren Gesang. Nicht ein Triumphmarsch wie in Verdis Aida oder das verächtliche: Zieht den Bayern die Lederhosen aus, oder das unvermeidliche *We are the champions* nach dem Finale. Wir feiern nicht uns selbst, liebe Schwestern und Brüder, sondern ihn, den lebendigen uns zugewandten Gott. Und genau das ist einladend und attraktiv, im besten Sinne: missionarisch.

Diesem Gott wendet sich der Dichter in seinem ganzen Lied zu. Mit einem Gang durch Schöpfung und Geschichte. Das, was in der letzten Zeile von Str. 1 anklingt: Das „Was mir von dir bewusst", wird in Str. 2-18 in großer Weite und mit phantastischen Bildern entfaltet.

Unser Lied ist also so etwas wie eine musikalische Wahrnehmungshilfe, ein sinnlich-geistiger Augen- und Ohrenöffner für Gottes Wunder in der Welt, in der wir leben.

Paul Gerhardt war ja „nur" der Dichter, da gab es auch noch einen genialen Musiker an seiner Seite in Berlin, Johann Crüger... Schauen wir deshalb auf das Zusammenspiel von Wort und Musik:

Die schlichte Melodie kreist vielfach um den Grundton (im EG ein f), ihren Anfang hat Crüger in abgewandelter Form einer Weise aus dem reformierten Genfer Psalter entnommen. Plagiatsvorwürfe gab es damals noch nicht... Sie besteht aus zwei Hälften, die jeweils einen Halbschluss (vgl. Strophe 1: „Mund" bzw. „kund") in der Mitte und einen Ganzschluss (vgl. „Lust" bzw. „bewusst") am Ende aufweisen.

Herausragendes Merkmal ist freilich der *Rhythmus des Liedes*. Der Anfang *Ich singe dir* ist durch die Folge „lang –kurz – kurz –lang" charakterisiert. Diese rhythmische Figur wird sofort wiederholt (*mit Herz und Mund*) und kehrt in gleicher Weise in der dritten Zeile zweimal (*Ich sing und mach – auf Erden kund*), also an der gereimten Parallele (A'), wieder. Darüber hinaus ist auch an der Spitze der Verse (*„Ich singe dir"* bzw. *„Ich sing und mach..."*) eine poetische Entsprechung zu beobachten. So wird deutlich: *Gott Loben (Z. 1) und seine Liebe weitersagen (Z. 3) das gehört untrennbar zusammen*. Wer singt, „betet nicht nur doppelt", sondern verkündigt auch doppelt, oder besser: lädt besonders gewinnend zum Glauben ein.

Eine rhythmische Entsprechung bietet auch das zweite Reimpaar: *Herr meines Herzens Lust bzw. Was mir von dir bewusst*: (kurz –kurz –kurz – lang –lang – lang), also die Zeilen B und B'. Mit anderen Worten: Herz und Kopf; lustvolles Singen und meditatives Nachsinnen widersprechen sich nicht, sondern ergänzen sich wunderbar. Damit ist die poetische Reimform musikalisch mit wunderbarer Leichtigkeit nachempfunden. *Der Rhythmus der Melodie unterstreicht die Struktur der Dichtung* (ABA'B').

Strophe 1 *bietet ein ganzes kirchenmusikalisches Programm:*

1. *Ich singe dir mit Herz und Mund:* Das beste und höchste Ziel ist: *Gott loben und ihm die Ehre geben*. Dies ist der hymnische, der spirituelle Aspekt des Singens. Menschen erheben ihre Herzen und machen mit bewegenden Klängen und inspirierten Rhythmen Gott groß. Wer singt, betet doppelt!
2. *„Herr meines Herzens Lust!"* Wenn ein Mensch für Gott singt, dann macht er nicht Dienst nach Vorschrift, sondern aus innerer Begeisterung mit Leib und Seele. Der ganze Mensch kommt zum Klingen, summt, lacht, hüpft und tanzt. Singen in der Kirche darf Spaß machen, im besten Sinne des Wortes *lust*voll sein.
3. *Ich sing und mach auf Erden kund!* Unser Lied bleibt nicht für sich im stillen Kämmerlein, es wird öffentlich, schallt hinaus in die Welt. Es besitzt *Profil*, ist Salz der Erde und Licht für die Welt. Und lädt ein zum Glauben an einen wunderbaren Gott
4. *Was mir von dir bewusst.* Geistliches Singen eröffnet uns neue Zugänge zu dem, was uns trägt. Im Singen geschieht Vergewisserung und „Bewusstseins-Bildung", da wird unsere Person (von *personare*= durchklingen) von Klängen ergriffen, die uns geistlich und geistig weiterbringen. Wir sind durchklungen vom Sound des Schöpfers.

Und von dem soll nun kräftig die Rede sein im Rest des Liedes:

Beim genauen Hinsehen wird zweierlei deutlich: Paul Gerhardt stellt häufig das gleiche Wort an die Spitze einer Strophe, um einen inneren Zusammenhang zu zeigen. Str. 1-6 enthalten zunächst das kleine Wörtchen „Ich" an der Spitze; Str. 3-6 eröffnen mit den Fragen *Was und Wer*. In Str. 7 schlägt es dann zum Du um: *Du, du* kannst alles tun. Str. 7-12 also die Du-Strophen. Str. 13-18 werden durch das kräftige *Wohlauf* eingeleitet und haben dann oft ein „Er“ (Gott) in den Strophenanfängen. Wir sehen: Das Lied besteht aus *drei Teilen. Ich – Du – Er.*

Schauen wir genauer hin, so können wir feststellen, dass sich Str. 1-6 als *Bekenntnis mit katechetischen Fragen*, Str. 7-12 als *Gebet*, Str. 13-18 als *Anrede* an das eigene Herz begreifen lassen (vgl. Str. 13). Doch jetzt kommt der Clou:

Damit wird – das ist der Clou - das, was in der ersten Strophe programmatisch an die Spitze gestellt wurde, poetisch durchgeführt: *„Ich singe dir mit Herz und Mund, / Herr, meines Herzens Lust“*, das gesungene Gebet und Bekenntnis, hören wir in Str. 2-12. *„Ich sing und mach auf Erden kund, was mir von dir bewusst“* wird dagegen in Str. 13-18 entfaltet. Ich skizziere einige Highlights!

Ab Str. 3 lässt uns der Dichter an seiner Erfahrung mit Gott teilhaben, ja zieht uns förmlich in seine Glaubensgewissheit hinein. *Was sind wir doch, was haben wir…?* Meditiert Paul Gerhardt und macht uns so die Größe und Güte Gottes mit einer Frage „schmackhaft“. Am Ende dieser Strophe klingt an, wer das Gegenüber ist: nicht ein ferner „unbewegter Beweger“, ein höheres Wesen sondern der *gütige Vater,* aus dessen Hand alles kommt.

Str. 4-6 nehmen das Thema von Str. 3 auf und entfalten in spannender Weise ein Stück *Schöpfungstheologie*: Str. 4 sagt: Wenn wir an den Himmel schauen, sehen wir was Gott schon zu Anbeginn der Schöpfung gemacht hat. Wenn wir die Felder betrachten und begehen, dann kriegen wir schon mal nasse Füße: Tau und Regen sind nicht zu übersehen. Will sagen: Schaut hin: Gott ist auch noch hier und jetzt erhaltend am Wirken. Und das hat etwas miteinander zu tun. Wir glauben an den einen Gott den Schöpfer, des Himmels und Erden, wir brauchen nicht einen Feld-, einen Wald- und einen Wiesengott, und dann noch einen Göttervater im Himmel und einen Meeresgott mit verschiedenen Halbgöttern und Abteilungen. Wir wenden uns mit unserem Lied und Gebet schlicht an die erste Adresse: an den Gott, der „seine Welt“ nicht sich selbst überlässt, sondern sie auch jetzt noch in seiner Hand hält.

Ähnlich Str. 5: Gott sorgt für uns mit den Dingen, die wir täglich brauchen und bewahrt uns vor leiblichem Schaden. Wie der Regenbogen nach der Sintflut, so erinnern jeden Herbst Öl und Most, Früchte und Getreide daran. Ohne Gottes Zutun nützte auch die fleißige Arbeit unserer Hände nichts.

Mit drei strahlenden Attributen (gülden, wert, edel) preist Gerhardt dann in Str. 6 den Frieden als Werk Gottes. Er bekennt sich damit zum Weltregiment Gottes, obwohl er 30 Jahre seines Lebens ganz andere Erfahrungen gemacht hat. In Befiehl du deine Wege hat er fast zeitgleich geschrieben: Gott sitzt im Regimente und führet alles wohl. Noch wenige Jahre zuvor hatte es bei ihm ganz anders ausgesehen:

„Sieh an mein Herz! Wie Stadt und Land / an vielen Orten ist gewandt / zum tiefsten Untergang; / der Menschen Hütten sind verstört / die Gotteshäuser umgekehrt." Und fährt betend fort: „Lass auch einmal nach so viel Leid / uns wieder scheinen unsre Freud / des Friedens Angesicht, das mancher Mensch noch nie einmal / geschaut in diesem Jammertal".

Auch wir Deutschen kennen diese beiden Erfahrungen. Hätte man uns vor 40 Jahren gesagt, dass wir heute *in einem Land in Frieden* leben, hätten wir möglicherweise nur gelächelt.

Doch weiter zu Str. 7: Der Stoßseufzer *„Ach Herr"* zu Beginn markiert einen deutlichen Neueinsatz: Str. 7 gibt nach vier Fragestrophen endlich Antwort: Ach, Herr mein Gott, das kommt von dir… und wendet sich damit im Gebet Gott selbst zu. Die Anrede „mein Gott" deutet wie die Anrede Vater in Str. auf eine persönliche Glaubensbeziehung hin.

Die Strophen 8-12 beschreiben die Lehre vom „göttlichen Mitlaufen" (*concursus divinus*) im menschlichen Leben. Da wird kein Blatt vor den Mund genommen und auch die dunklen Seiten benannt. In Str. 9 wird deutlich: Menschen werden schuldig und ziehen deshalb das göttliche Gericht auf sich. Gottes Strafe fällt allerdings stets maßvoll aus, ja mehr noch, das ist der Knüller: *Gott sorgt selbst für ihre Beseitigung*, indem er die Sünde im Meer versenkt. Ach würden wir das doch glauben, dass Gott kein kleinkarierter Erbsenzähler ist, der immer wieder auf unsere Verfehlungen schaut und – so wie wir es tun – nachtragend aufrechnet. Gott stellt uns auf weiten Raum, er versenkt das Böse im tiefsten Meer, die Mitte des ganzen Liedes, zwischen Str. 9 und 10!

Der „Vergebungsstrophe" 9 korrespondiert die „Erhörungsstrophe" 10. Hier wird Gott als warmherziges Gegenüber geschildert, der sich durch menschliches Seufzen nicht nur *erreichen*, sondern gar *erweichen* lässt.

Ja, es ist kaum zu fassen: *Gott bekümmert jede vergossene Träne*, aber mehr noch: er kümmert sich auch darum und wischt sie selbst ab. Gott sorgt dafür, dass es einmal keinen Grund mehr zum Weinen gibt. Damit ist nach dem theologischen der emotionale Höhepunkt erreicht.

Str. 12 fasst die dunklen Erfahrungen als „Mangel" des Lebens zusammen und sagt nochmals: Gott beseitigt ihn. Aber nicht nur negativ: Gott baut uns auch etwas Neues, er baut uns ein neues Haus, eine himmlische Heimat. Gott hat noch viel mit uns vor. Er möchte die Ewigkeit nicht ohne uns verbringen. Es geht um nicht weniger als das, was Psalm 23 in Aussicht stellt: Bleiben im Hause des Herrn immerdar.

Mit anderen Worten: Der Himmel ist uns auf- und die Hölle zugeschlossen!

Wohlauf mein Herze: Wieder Herz: wieder ein Neueinsatz; Str. 13 nochmals ein Paukenschlag, jetzt waren wir doch schon im Himmel angekommen! Warum: Paul Gerhardt legt noch eine Schippe drauf: er predigt, ermutigt, kündet, spricht uns persönlich an.

Das Herz selbst wird angeredet und zum Singen und Springen animiert (vgl. Str. 1). Gerhardt verwandelt das nachdrückliche „mein Gott" aus Str. 7 in ein „dein Gott". Ich bin der Herr, dein Gott, für dich hier und heute da, nicht irgendein höheres Wesen, sondern „Dein Gut", Dein Schatz. Damit sind wir bei Str. 14*, der Jubelstrophe schlechthin*.

In sage und schreibe zehn strahlenden Attributen wird Gott als *Schatz, Licht und starker Schutz* gerühmt. Die Substantive sind dabei immer wieder durch Doppelbegriffe verbunden, wobei die Figur des Stabreims (vgl. „Schirm und Schild", „Hilf und Heil") auch akustisch noch nachhilft: Was auch kommen mag, nichts kann uns von Gottes Güte und Gnade scheiden (vgl. Röm 8,38f). Noch ein Blick auf den Schluss.

Das Stichwort „End" markiert nicht nur das Ende von Str. 17, es öffnet auch den Übergang zur Schlussstr. 18, die zugleich eine ernste Ermahnung enthält. Ihr Frauen und Männer gebt acht, was ihr so denkt und redet. Es steht uns nicht gut an, einem „so großen" Gott „dreinzureden".

Vertrauen wir lieber darauf, dass er auch in Ewigkeit seinen Frieden und seine Freude für uns bereithält. Auch dann, wenn es mal nicht danach aussieht. Darauf hoffe ich!

Weiter Raum (Taufansprache zu Psalm 31,6)[19]

Liebe Greta, liebe Eltern, liebe Patinnen und Paten, liebe Taufgemeinde, so ein Tag, so wunderschön wie heute. Das singen gewöhnlich die Fans beim Fußball. Ich weiß schon, dass ihr keine so großen Fußballfans seid. Aber ich finde, wir sollten diesen Song nicht den Fußballfans lassen: *So ein Tag, so wunderschön wie heute*, das wäre nämlich für den heutigen Festtag genau das richtige Motto. Denn dieses Fest hat alle Qualitäten eines Welt bewegenden Ereignisses. Ehrlich!

Familie und Freunde treffen sich nach langer Zeit alle wieder. Ihr feiert den Umzug in ein neues Haus. Ja, da hat sich einiges bewegt, schon rein *räumlich:* ein neues, geräumiges Zuhause für euch als Familie mit einem extragroßen Zimmer für Greta, stimmt's? *Ein kleines Traumhaus am Stadtrand der Landeshauptstadt. Herzlichen Glückwunsch!*

Aber auch innerlich hat sich vieles bewegt, neue Herzensräume haben sich aufgetan: ein neuer Mensch, ein Kind hat ganz viel Platz bekommen in Eurem Leben, liebe Gabi und lieber Martin. Ja, Greta, Du hast geschafft, was vor Dir noch keiner und keine geschafft hat bei Mama und Papa, Du hast sie flott gemacht, rund um die Uhr, von morgens bis abends ein ganzes Jahr ihre Aufmerksamkeit bekommen. Ich habe das mitgekriegt, noch bevor Du geboren bist, was da alles in Gang gekommen ist. Und das ist gut so. Denn Kinder sind wichtig, sie brauchen Zeit und Raum, und: das ist das Wichtigste: Ganz viel Liebe. Sie geben unserem Leben Leichtigkeit und Glanz, sie fordern uns und sie bereichern uns, sie machen das Leben schön.

So ein Tag…, ein Tauftag, wunderschön wie heute.

Tja, so ein Tauftag beginnt natürlich mit? … Einem Gottesdienst. Richtig, liebe Greta. Denn dass du lebst, dass du ein so ein unglaubliches, Welt veränderndes Geschenk für Mama und Papa bist, das hat etwas mit dem lieben Gott zu tun. Du bist ein Gottesgeschenk für deine Eltern, aber auch für deine Freunde im Kindergarten.

Er hat dich gemacht, deine Augen und deine Ohren, deine Hände und deine Füße, mit denen du die Welt erkundest, ja manchmal auch einfach

[19] Michaeliskloster Hildesheim Juni 2010. Greta war damals 4 Jahre alt.

losstürmst. Das Fest heute ist ein Welt bewegendes Ereignis, weil Gott im Spiel ist.

Darum haben wir für dich einen schönen, dazu passenden Taufspruch ausgesucht. *Du stellst meine Füße auf weiten Raum.*

Da spricht einer aus dem schönsten Buch der Bibel, wie ich finde, aus den Psalmen. Vielleicht betet David selbst, der Dichter, Musiker und König. Ein Mann, der das Leben mit seinen Höhen und Tiefen kennt. Einer der weiß: Das Leben ist nicht nur ein Wunschkonzert.

Da gibt es auch Enttäuschungen von Freunden, von Kindern, auch von Partnern, und daran haben wir immer wieder zu kauen. Da gibt es auch soziale Not und Armut, wenn schon in der Monatsmitte der Kontostand im Minus ist. Vielleicht gibt es auch Frust im Beruf. David hatte Stress beim Regieren, mit Kriegen und Aufständen und so. Wir kennen das auch aus unserem Berufsalltag, das sind freilich eher kleine Scharmützel als große Schlachten. Aber auch die können an die Nerven gehen: Das macht uns dann ratlos, manchmal sogar wütend.

Deshalb klopft David an die Himmelstür: Wende deine Ohren zu mir, Gott, sei mir ein starker Fels, zieh mich aus dem Netz, das sie mir heimlich stellen.

Gerade wenn das Leben – wir haben darüber im Taufgespräch gesprochen – einmal schwierig wird, wenn wir enttäuscht oder ausgebrannt sind, dann ist es gut, sich gleich an den Richtigen zu wenden. An Gott, der alles geschaffen hat. Warum machen wir das oft nicht? Schließlich hat er doch die ganze weite Welt gemacht, vom Nordpol zum Südpol, vom Amerika bis Australien. Und was er alles sich ausgedacht und erfunden hat! Löwen und Elefanten, Kängurus und Kühe, riesige Wale und kleine Vögel. Dieser Gott stellt deine Füße, liebe Greta, stellt unser aller Füße auf weiten Raum.

Wenn Gott in eurem Leben Raum schafft, dann ist das noch mehr als ein Umzug, den wir veranstalten, dann wird alles neu. Da kommt totale Veränderung in Euer Leben. Vielleicht nehmt ihr dann Abschied von alten selbstverständlichen Gewohnheiten und Selbstverliebtheiten, weil ihr spürt, Gott braucht noch mehr Platz in meinem Leben in meinem Herzen.

Auf diesem Weg der Erneuerung hören wir heute seine Stimme:

Ich bin bei dir, ich hab dich lieb, du gehörst zu mir. Ich stelle dich, dein Leben, deine Füße auf weites Land.

Wir spüren: Dieser Gott ist kein kleinkarierter Gott. Was wir von ihm erwarten dürfen, ist das glatte Gegenprogramm von Enge und Angst: Er schenkt unserem Leben Weite und Hoffnung.

Er stellt deine Füße, liebe Greta, auf weiten Raum. So ein wuseliges Kind wie du dich kann ich mir nicht in einem kleinen Zimmer vorstellen, oder gar in einem Käfig wie im Zoo, du brauchst Platz und Freiraum, die Luft zum Atmen, du musst deine kleinen Füße bewegen können... Du brauchst aber auch den liebenden Blick, nicht nur deiner Eltern, sondern den liebenden Blick Gottes, der zu dir sagt:

Du gehörst zu mir, ich bin für dich da, sprich mit mir, ich hör dir zu.

Wenn wir dich taufen, liebe Greta, dann kommt dieses Versprechen Gottes in dein Leben. Das Wasser der Taufe bringt eine Bewegung Gottes zu dir: da passiert was, du wirst erfrischt, wirst sauber gemacht...

Gottes Herz schlägt für dich! Er verändert dein Leben, nimmt dich an.

Ich freue mich darüber mit dir und mit euch.

So ein Tag, so wunderschön wie heute. Denn Gott macht unser Herz weit und stellt unsere Füße auf weiten, in seinen gesegneten Raum. Amen.

Teamsport – Traupredigt für Tom und Anja (Hebräer 10,23-24)[20]

Liebes Brautpaar, liebe Familie und liebe Freunde, liebe Gemeinde,

endlich ist es soweit. Der große Tag ist da.

Lange habt Ihr ihn geplant, lange vorbereitet. Monate, fast Jahre fiebert Ihr diesem Termin entgegen. 14 - 6 - 14. Rot im Kalender. Wichtiger als jede Fußball WM. Zwei Ringe ganz groß. Daneben das Wort: Trauung, die Trauung von euch, Anja und Tom.

Ja, Ihr traut euch was. Ihr vertraut euch einander an. Ihr lasst euch trauen. Da verändert sich einiges. ... Ihr seid – zumindest nach bürgerlichem Recht – seit zwei Tagen verheiratet. Da passiert etwas zwischen Himmel und Erde, nicht nur auf dem Papier. Fühlt sich doch gut an, zu wissen, wo man hingehört, oder? Von der Ehefrau oder dem Ehemann zu sprechen, das klingt doch gut, nicht wahr?

Damit ein solches Projekt wie eine kleine Traum-Hochzeit gelingen kann, braucht es gutes Teamwork. Vor allem dann, wenn da auf einmal noch ein Dritter dabei ist, dessen Schlafens-, Essens- und sonstige Gewohnheiten noch ziemlich unkalkulierbar sind. Beim gemeinsamen Traugespräch habe ich es erlebt, dass er euch auf Trab hält, und Ihr trotzdem die Ruhe weghattet. Toll.

Eltern zu sein, ist schön, wunderbar..., aber auch anspruchsvoll, heute vielleicht anspruchsvoller denn je. Auch dazu braucht es ein gutes Team. Wie wird ein junges Paar, so ein willkürliches zusammengesetztes gemischtes Doppel, zu einem guten Team?

Antwort 1: Sie raufen sich zusammen... Das wäre aber ein bisschen wenig, oder?

Antwort 2: Sie lieben sich. Das klingt gut.... Ist aber noch nicht alles: Unter Umständen muss dieser wundervolle Satz noch ergänzt werden!

Antwort 3: Sie kennen die Stärken und Schwächen des Anderen. Sie sind ein Team, denn sie machen zusammen Sport... Teamsport.

---

[20] Gehalten in der Pauluskirche Hannover, Juni 2014 während der Fußball-WM, Namen verändert.

Ein solcher Teamsport jedenfalls war es, der euch zueinander brachte. Uni-Sport, Hannover. Gut, dass Universitäten so etwas anbieten. Freizeitprogramme für Studierende und daneben auch noch kleine Partnerbörsen. *Mens sana in corpore sano.* Super.

Was für ein Sport das war, wollen jetzt alle wissen. Nun, ich muss zugeben – ich habe davon vorher noch nicht wirklich gehört, geschweige denn dergleichen selbst praktiziert...

Nicht gemeinsam gerudert oder geschwommen seid ihr, auch Tennis habt ihr nicht gespielt, nein: Kanu-Polo heißt das Zauberwort... SO habt Ihr Euch kennen gelernt anno 2005 auf der Leine/Ihme. Also eigentlich gleich zwei Sportarten zusammen sind das: Kanufahren und Polospielen. Da braucht es Geschick und Ausdauer, Sportsgeist und die Bereitschaft zum Loslassen, zum Cool sein. Ein Spaßsport sagte Tom. Klingt gut, finde ich. Ideale Voraussetzungen für den Ehesport.

Ich will nicht zu viel aus dem Nähkästchen plaudern, viele von den Anwesenden kennen ja auch Eure gemeinsame Geschichte: Ihr wart zusammen, dann gab es einen Härtetest als T nach Kalifornien ging, aber auch die Zeit als Anja von Hannover nach Braunschweig gezogen ist, wo sie in der Klinik als Assistenzärztin einen spannenden Arbeitsplatz bekam... Ja, so seid ihr tatsächlich auch mal getrennte Wege gegangen zwischendurch, vielleicht mit Kummer und Schmerzen und dem Zweifel: Ist er – ist sie die Richtige?

Doch dann - wer hätte es noch geglaubt - eine schöne Überraschung. Wir schreiben den 14.7. 2012. (Angaben ohne Gewähr). Er schlägt einen Spaziergang am Maschsee vor, sie findet das ein bisschen komisch, aber geht dann doch mit... Und sie kommen vorbei an dem Ort, an dem alles begann: Was folgt, ist ein richtiger Antrag (wie romantisch) und eine überraschte Frau, die nach kurzem Zögern – hätte mann es noch gedacht – tatsächlich Ja sagt. Von dem Herzklopfen habe ich noch etwas gespürt, als Ihr davon erzählt habt....

Und dann lief vieles, ja fast alles nach Plan, ein Urlaub in Neuseeland, die Geburt von Jakob, der erwünschte Krippenplatz vor kurzem und jetzt ... die Hochzeit.

Und das auch noch in der Kirche. Ich freue mich immer, wenn Paare schon einen Vers für sich ausgewählt haben, von dem sie sagen, das ist unser Spruch, der passt zu uns. Nicht einfach einen Konfirmationsspruch aufwärmen, sondern ganz neu überlegen. Was bietet das heilige Buch der Christen uns heute als Leitwort, als Programmvers an?

Der erste Teil ist der theologische, der zweite Teil der praktische.

Lasst uns festhalten. Festhalten wie ein Paddel oder einen Poloschläger oder was auch immer. Wenn das Paddel oder der Schläger ins Wasser fällt, ist es ziemlich peinlich für den Beteiligten und dumm für die Mannschaft. Deshalb: Festhalten lohnt sich. Oder mit eurem Spruch: *Lasst uns festhalten an dem Bekenntnis der Hoffnung, denn der ist treu, der sie verheißen hat.*

Festhalten an der Hoffnung, an der Zuversicht, festhalten am Lebensmut für morgen, das wollt ihr! Ihr seid lebensfroh und packt zu! Aber, das geht nicht von selbst, das geht nur, wenn ein Anderer euch trägt, behauptet der Schreiber des Hebräerbriefes. Ja unbedingt! Nur so, kann es überhaupt gehen. Kein Geringerer als Gott selbst spricht da und bezeichnet sich als bedingungslos treu, als einer, der seine Versprechen hält.

Am Anfang einer guten Ehe steht also nicht der treue Mann (das ist schon viel wert) oder die treue Frau (das ist mindestens so viel wert), sondern ein treuer Gott. In der Taufe hat er euch gesagt: Ich bin für dich da. Ich bin stärker als eure Angst, ich schütze euch. Mein Name und euer Name, das gehört untrennbar zusammen wie Pech und Schwefel oder schöner: wie der Schläger und der Puck/Ball, wie das Wasser und das Paddel (!?) Gott sagt: Ich bin in eurem Bund dabei.

Ich habe bewusst nicht formuliert: Gott ist in eurem Bund der Dritte. Ich behaupte noch mehr: In eurem Bund ist Gott der Erste. Er hat euch gemacht, eure DNA programmiert, euch ein Kind geschenkt, eure Liebe bewahrt und euer Leben geleitet. Das ist doch großartig, oder? Und hier sitzen so viele Menschen, die sich darüber freuen…

Also das war Teil I des Trauspruchs: Gott ist treu, er lässt euch lebensfroh und hoffnungsvoll in die Zukunft schauen. Er ist die Basis eures Lebens wie im Kanon von Pachelbel der Bass. Immer wieder dieser *cantus firmus,* diese Lebensmelodie, die sich durchzieht und die konzertierenden Stimmen trägt. Aber das ist nicht alles. Ihr seid natürlich mit dabei, nicht nur Zuschauer, sondern Mitspieler in seiner Mannschaft sein, ein ganz besonderes Team. Ja, ob in der Musik oder im Sport, es ist beidesmal wichtig: Wenn das Konzert gelingen oder das Spiel erfolgreich sein soll, braucht es die Achtsamkeit der Akteure: Daher die Selbstermunterung: *Lasst uns aufeinander achthaben und (einander) anreizen zur Liebe und guten Werken.*

Wenn beim Sport einer oder eine verletzt am Boden liegt, dann wird fairerweise nicht einfach weitergespielt. Dann ruft einer den Masseur und Arzt, es wird unterbrochen und der Verletzte wird behandelt. Wohl dem Mann, der eine Ärztin an seiner Seite hat, die kann vielleicht schon das eine oder andere selbst behandeln. Aber achtsam sein, unterbrechen, innehalten, das ist heute eine wichtige Kunst.

Achtsamkeit. Super. Reicht aber noch nicht. Stachelt euch gegenseitig an zur Liebe. Sich anstacheln heißt italienisch: concertare: Konzertieren, um die Wette eifern. Paulus hat auch von einem Wettlauf des Glaubens gesprochen. Ihr dürft euch selbst in Liebesbezeugungen und Liebestaten übertreffen. Ein schöner Ehesport, oder? Also schreibt schon mal beide Hochzeitstage in den Kalender…

Am Ende – fast überhört man es – steht da noch: Reizt einander zu guten Werken. Ihr seid nicht nur füreinander da, sondern auch für andere. Ich sage das sehr bewusst, weil ich viele Paare kenne, die nach der Hochzeit erst mal abtauchen in die Familien-Komfortzone. Das ist schön, aber auch gefährlich. Der Hebräerbrief weiß davon. Seid aufmerksam auch gegenüber anderen Menschen, die niemand an ihrer Seite haben. Die mit der Erziehung ihrer Kinder Not haben, die beruflich durchhängen, die in materieller oder seelischer Not sind… Bleibt wach! Schaut über den Tellerrand hinaus!

Lasst uns festhalten an dem Bekenntnis der Hoffnung, *denn der ist treu, der sie verheißen hat.* Lasst uns aufeinander achthaben und (einander) anreizen zur Liebe und guten Werken.

Am Stück gesprochen: zweimal „Lasst uns!“ und dazwischen, das kleine aber feine, unendlich wichtige „denn er ist treu“. Gut so, finde ich! So, ja nur so, könnt ihr es wagen, so könnt ihr glauben, hoffen und lieben. Amen.

Ein Mann, ein Wort (Jesaja 43,1 und Matthäus 28,20) – Ansprache zur Segnung eines gleichgeschlechtlichen Paares[21]

Lieber Marco, lieber Christopher, liebe Familien, Freundinnen und Freunde!

Ein Mann, ein Wort, lautet ein altes deutsches Sprichwort.

Wenn ich an unser Kennenlernen denke, das vor einigen Wochen stattgefunden hat, dann fällt mir das zuerst ein. Da sitzen zwei richtige Kerle vor mir. Mitten im Leben stehen sie. Aufgeschlossen für das, was in der Welt passiert. Einander und mir zugewandt. Zwei Männer, die es ernst meinen.

Ein Mann ein Wort. Das klingt kurz und prägnant, kraftvoll und verlässlich.

So war mein Eindruck von Ihnen beiden, lieber Marco und lieber Christopher. Da versprechen sich zwei die Treue. Die möchten füreinander da sein. Miteinander gehen durch dick und dünn.

Ein Mann, ein Wort, das heißt vielleicht auch: Ich muss nicht viele Worte machen, ein Wort genügt...

Ein Mann, ein Wort. Das ist kein Programm für männliche Einsilbigkeit. Es ist schön, wenn Männer auch mal ein paar Sätze reden und nicht nur Bruchstücke. Auch Ihr beiden könnt das! Und doch: Ein Mann ein Wort, könnte für euch heißen: In einer Zeit der inflationären Geräusche, konzentrieren wir uns auf das Wesentliche.

Was ist das Wesentliche? Eine Antwort für euch war: Wir halten etwas von dem altmodischen Wort Treue. Auf die Frage: Kann ich mich auf dich, Christopher, auf dich Marco verlassen? Habt ihr ein klares Ja. Ein Mann, ein Wort. Auf das Wort von Marco, auf das Versprechen von Christopher setze ich mein Vertrauen.

Unter Umständen kann so ein Wort auch Turbulenzen erzeugen: Mit Schmunzeln habt ihr mir von eurem Coming out erzählt. Ja, da ist einiges durcheinander geraten damals im familiären Gefüge. Alle wussten jetzt: Ihr tickt ein bisschen anders, anders als viele Anderen und seid doch ganz normal.

[21] Juni 2014, Michaeliskloster Hildesheim.

Aber ihr habt auch erzählt, dass sich viele von Euren Freunden, ja sogar die Eltern letztendlich darüber gefreut haben. Für sie war es gut, Klarheit zu haben. Für euch war es gut, ehrlich zu sein. Zu euch selbst und zu dem Rest der Welt…

Ihr kommt gerade vom Standesamt: Zwei Männer, und zweimal ein Wort: Ja, ich will. Ja, ich will. Konzentrierter geht es kaum. Ein ganzes Versprechen in dem kleinen Wort JA.

Reicht es also nicht, wenn zwei Männer sich gegenseitig das Wort geben? Wieso gehen sie denn dann noch in die Kirche!?

Für Euch, lieber Marco, lieber Christopher, war es ganz klar: Gott gehört dazu, wir brauchen ihn, nur mit ihm wollen wir das machen. Dieses Fest und auch alles, was dann kommt. Nicht den Eltern zuliebe tut ihr das, sondern weil ihr selbst das wichtig findet. Das hat mich überrascht und gefreut.

Aber wenn das so ist, dann reicht das alte deutsche Sprichwort womöglich nicht: Ein Mann ein Wort. Können, ja müssen wir es denn nicht umschreiben? Ich mach mal einen Vorschlag.

Ein Gott, ein Wort! Klingt auch nicht schlecht oder?

Was für ein Wort könnte das sein? Ihr habt in unserem Gespräch nur kurz nachgedacht und seid

- zwei Männer, die ihr nun mal seid -

schnell auf zwei Worte, auf zwei Stellen in der Bibel gekommen.

Im Alten Testament beim Propheten Jesaja steht das erste. Dort sagt Gott: *Fürchte dich nicht*. Oder positiv gesagt: Sei guten Muts! Ich bin stärker als deine Angst.

Warum? Die Begründung kommt gleich: Ich habe dich erlöst. Das hieß damals: Ich habe dich freigekauft aus der Knechtschaft. Du bist ab sofort ein freier Mensch.

Ja, ist das nicht eine Selbstverständlichkeit? Heute gibt es doch keine Sklaven mehr, oder? Stimmt.

Aber wer heute Schulden hat oder gar insolvent ist, weiß, wie sich das Gegenteil von Freiheit anfühlt. Immer hinter dem Geld herrennen, Angst haben, dass es nicht reicht. Am Ende gar den Finger heben und sagen: *Rien ne va plus.* Nix geht mehr. In einer solchen Situation kann man sich ganz schön geknechtet fühlen. Getrieben von Gläubigern.. Und dann merkt man, wie befreiend es ist, wenn man die ganze Schuldenlast los ist. Das ist jedenfalls ist hier gemeint, wenn es heißt: Ich habe dich erlöst. Freigekauft bist du. Ein neues Leben hat begonnen, ein Leben mit Gott.

Ein Gott ein Wort. Für uns Christen beginnt das mit der Taufe. In der Taufe hat er es schon zu euch, zu dir gesagt: Hab keine Angst, ich bin bei dir. Aber auch: Du bist ein freier und geliebter Mensch. Da ist weiter Raum. Auch für eure Partnerschaft, die möglicherweise nicht alle anderen Menschen so toll finden. Vielleicht werdet ihr ausgelacht oder abgelehnt. Egal! Gottes Herz ist größer.

Ich gebe zu: Das mussten wir auch bei der Kirche lernen. Was heute hier passiert, ist nichts im Geheimen, sondern geschieht in enger Abstimmung mit unserem Landesbischof und unserem Landessuperintendenten hier. Das ist neu in unserer Kirche. Zugegeben. Auch für mich ist es eine neue und gute Erfahrung: Homosexuelle Paare treten vor den Altar. Sie empfangen einen richtigen Segen. Der klingt dann zum Beispiel so:

Ich habe euch, Marco und Christopher, bei eurem Namen gerufen. Ihr seid meine Kinder, ihr gehört zu mir. Ich rolle euch einen Teppich aus, auf dem ihr gehen könnt. Nicht immer glatt und eben, aber ein sicherer Weg, von mir geleitet.

Wenn „der da oben“ das sagt, dann hat das Gewicht. Deshalb:

Ein Gott, ein Wort. Ein erstes Wort. Dieses Wort trägt euer Leben, auch wenn es mal schwierig wird. Ganz ehrlich. Auch mir geht es so: Bei allem beruflichen Erfolg, bei allem familiären Glück, das ich habe. Ich weiß: Nicht meinen Fähigkeiten verdanke ich das. Es ist Gott selbst, der sagt: „Fürchte dich nicht, ich gebe dir Kraft. Ich halte dich. Ich rufe dich beim Namen.“

Wenn ein lieber Mensch, meinen Namen ruft, dann fühlt sich das gut an. Ich kenne den Klang seiner Stimme. Sie ist mir vertraut. Und darüber freue ich mich! Wieviel mehr gilt das, wenn Gott das tut. Marco, Christopher, Bettina.

Jetzt sagt ihr vielleicht: Mich hat Gott noch nicht gerufen. Woher weiß ich, dass das stimmt, dass ein uraltes Prophetenwort immer noch Gültigkeit hat?

Nun, Gott hat dieses Wort bekräftigt. Er ist selbst Mensch geworden und zu uns gekommen. In Jesus Christus. Der hat das gelebt und bekräftigt, was der Prophet von Gott gesagt hat. Also ein Gott zwei Worte. Zwei Worte für Christopher und Marco.

Bei Jesus klingt es ein bisschen anders und meint doch dasselbe. Er sagt: *Ich bin bei euch alle Tage bis an der Welt Ende.* Eine wunderbare Szene wird uns da geschildert: Jesus redet mit seinen Freunden und verabschiedet sich von dieser Welt. Sie stehen zusammen auf einem Berg und richten den Blick in die Weite. Flüsse und Seen, Straßen und Wälder liegen vor ihnen. Häuser und Menschen sehen sie. Wohin soll es gehen? Wohin sollen sie gehen? Jesus macht sie stark für den Weg. Er sagt: *Geht hin in alle Welt und sammelt Menschen um euch, dass sie an mich glauben.*

Ich bin bei euch alle Tage bis an der Welt Ende. Ich bin bei euch, Christopher und Marco, wohin euer Weg auch geht. Ich bin auch bei euren Geschwistern und Eltern, Freundinnen und Freunden. Wo ihr herkommt, aus Itzum oder Hildesheim, Hannover oder Berlin? Egal. Wo ihr auch hingeht. Was auch passiert in der weiten Welt: Krieg, Terror, Erdbeben. Ich bin bei euch. Das sagt einer, der die Krisen des Lebens kennt, er hatte selbst Angst, erfuhr Gewalt am Kreuz und erlitt den Tod. Aber er blieb nicht tot. Wir leben aus der Kraft von Ostern.

Deshalb kann dieser Jesus sagen: *Ich bin bei euch alle Tage*. Ein ganzer Mann und ein ganzer Gott.

Vertraut ihm, ihr Männer und Frauen. Wenn er das sagt, dann könnt Ihr unbeschwert leben und lustvoll lieben.

Amen.

Wer erlöst Deutschland?[22] – Fußballandacht (Jesaja 44,6 mit Johannes 1,18)

Liebe Hügelgemeinde!

Das war die große Frage letzten Sonntag. Ist es der kitschig beleuchtete Christus oder ein Fußballspieler, namens Messi, ein italienischer Schiri oder die ganze Mannschaft!?

Das Kapitel 44 im Propheten Jesaja, aus dem unsere heutige Losung stammt trägt die Überschrift: Der lebendige Gott und die toten Götzen.

Nun ist Mario Götze, unser Torschütze aus der 113. Minute, den der Moderator als Erlöser für Deutschland glorifizierte, keinesfalls tot, sondern höchst lebendig. Gott sei Dank. Und auch – trotz allem *nomen est omen* – kein wirklicher Götze, sondern ein ganz normaler, sogar ziemlich sympathischer Mensch. Und doch: Die Fußballbegeisterung, die Freude an der schönsten Nebensache der Welt, lässt allerdings schon hin und wieder mal die Frage aufkommen, was uns wirklich wichtig ist und mehr noch: was heute und morgen und überhaupt wirklich zählt, ja vielleicht doch auch, was uns erlöst....

So spricht der HERR, der König Israels, und sein Erlöser, der HERR Zebaoth:

Ich bin der Erste, und ich bin der Letzte, und außer mir ist kein Gott.

Passen die Einleitung und die wörtliche Rede eigentlich zusammen!?

Sind der König Israels und der Herr Zebaoth einer oder zwei? Sind das womöglich doch zwei verschiedene Götter?

Rätselhaft... Wenn es zwei Götter wären müsste man übersetzen: So sprechen der Herr und sein Erlöser. Nein! Achten Sie genau! So *spricht* der Herr und sein Erlöser. Mit einer Stimme gleichsam in zwei Erscheinungsweisen spricht Gott. Der herrliche König von Israel und der Gott des Himmels und der Erden. Der Gott der Geschichte und der himmlische Erlöser – gleichsam eine Vorwegnahme dessen, was dann viel später im 4 oder 5. Jahrhundert zum Thema Trinität gedacht und gelehrt worden ist. Apropos Trinität: Dazu passt übrigens auch der Lehrtext aus einem ebenso prominenten Kapitel der Bibel, Johannes 1. Am Ende des

[22] Juli 2014, Michaeliskloster Hildesheim.

großen Prologs steht der Satz: *Kein Mensch hat Gott je gesehen, nur der EINE, der selbst Gott ist und mit dem Vater in engster Gemeinschaft ist (der in des Vaters Schoß ist), hat's uns gesagt und gezeigt, wer Gott ist.*

Der EINE ist hier der Logos – das Wort - das beim Vater war und dann Fleisch wird. Jetzt wird es ganz schön kompliziert. Die eigenartige Spannung, die wir im Propheten Jesaja schon angelegt finden, dass es den Erlöser und den Herrscher, den Schöpfer und den Retter gibt und dass das derselbe Gott ist, findet sich in Variation auch im Johannesevangelium. Durch das Wort ist die Welt gemacht und das Wort wird Fleisch, schreibt Geschichte, bekommt Hände und Füße wie wir. Geschichte. Und doch gilt auch wie beim Propheten Jesaja: Der uns zugewandte Gott bleibt der ewige, allmächtige bleibt zugleich im Himmel und waltet über uns in Ewigkeit.

Johannes knüpft damit an das an, was Israel schon 600 Jahre vorher in großer Klarheit für sich formuliert hat. Das kann man schwer fassen und ist doch die wunderbare Erkenntnis eines Volkes, das weit verstreut in der Diaspora lebte und lebt. Israels Gott ist nicht irgendein provinzieller Berggott vom Sinai für 2 oder 3 Millionen Hirten und ihre Tiere oder ein Stadtgott vom Zion für gebildete Priester und Aristokraten. Nein, er ist der Gott der Welt. Und diesen Gott gönnt das kleine verstreute Israel auch den anderen, allen anderen Menschen. Der ist so wunderbar, groß, gütig und gnädig, das an seinem Herzen noch Platz ist für mehr. Das war die Einsicht des 2. Jesaja im 6. Jh. v. Chr. Deshalb scheidet die Möglichkeit, dass es noch andere Götter gibt, prinzipiell aus. Vorher hat man das so gedacht. Baal galt durchaus als ein Gott, den man aber nicht verehren sollte. Beim zweiten Jesaja wird deutlich: Solche Götter sind Nichtse, Abklatschbilder, Irrlichter. Sie sind weit entfernt auch nur ein Schatten des wahren Gottes zu sein. An diesen großen universalen Gott glauben Juden und Christen bis heute.

Ich finde das großartig, dass wir als Christen in diese Denkbewegung und Weite des Volkes Israel eingetaucht sind und in Christus einen Zugang zu diesem Gott gefunden haben, der unser Leben unendlich reich und groß macht. Und was mich noch glücklicher macht. Er ist nicht nur mein und unser aller Schöpfer, auch nicht nur Herr Zebaoth, von himmlischen Mächten besungen und verehrt, sondern mein Erlöser. Er hat mich frei gekauft, mir neues Leben geschenkt.

Wenn ich mir das vor Augen halte, wird manches große Fußballspiel wieder zu dem, was es ist. Zu einer wunderschönen Nebensache. Und wenn es dann – wie beim Symposion zum Schwur kommt – Fußball oder Feierabendmahl? Dann entscheide ich mich gerne für das Letztere. Denn ich weiß, an seinem Tisch haben alle Platz, da gibt es hinterher keine Verlierer, sondern nur Sieger, ob sie nun Götze oder Messi, Garbe oder Müller heißen..

Ich bin der Erste und der Letzte. Das umgreift unsere Zeit und meine Zeit, mein Leben und diese ganze schreckliche und doch so schöne Welt. Gott sei Dank!

Gemeinsames Lied *Jesus Christus herrscht als König (*EG 123, 1-5.11)

Einer für alle, alle für einen![23] (Andacht zu Maleachi 2,10)

So lautet ein geläufiges deutsches Sprichwort, liebe Hügelgemeinde.

Im Zeitalter gerechter Sprache könnte man auch sagen: alle für eine; eine für alle.

Aber was verbirgt sich dahinter? Auf welche Situation und welche Personen könnte es zutreffen? Überlegen wir mal: Beispiel Politik. Alle für einen? Alle stimmen für Obama? Alle für Merkel? Nein, das geht gar nicht, das klingt nach Ideologie, nach Propaganda, nach Diktatur. Beim Sport vielleicht schon eher: alle für einen, alle für Jogi. Oder alle für Philipp, für den Kapitän? Schon eher, immerhin schaffen es einzelne Trainer oder Spieler immer wieder sehr viele Sympathien auf sich zu ziehen. Jedoch gilt das dann höchstens wieder nur für eine Nation, nicht für die ganze Welt.... Also gilt der Leitsatz auch im Sport nicht wirklich umfassend...

Und umgekehrt: Einer für alle? Wo gibt es das denn? Kann einer oder eine für alle stehen, sich für unzählig viele einsetzen? Eine Queen für alle Briten? Ein Papst für alle Gläubigen? Papst Franziskus hat sich dieses Ziel gesetzt. Doch kann er die Interessen aller im Blick haben? Das scheint in einer multireligiösen und multioptionalen Gesellschaft beinahe unmöglich...

Einer für alle – alle für einen, das funktioniert nicht wirklich, finde ich. Zumindest nicht unter uns Menschen. Aber wie verhalten sich eigentlich die beiden Attribute Universalität und Exklusivität zueinander, wenn es um Gott geht? Kann man bei ihm denn beides womöglich zusammen denken?

Im Alten Orients war es klar, jedes Volk hatte seinen Gott. Religion und Identität als Volk/Staat, das gehörte zusammen. Mindestens ein Gott. Die Philister z.B. den Dagon. In Ägypten z.B. gab es ein ganzes Pantheon laut Wikipedia alphabetisch, mindestens 100 Gottheiten: Isis und Osiris sind vielleicht die bekanntesten, aber auch Amun und Re, Ischtar und Horus u.v.a.

Hören wir noch einmal die Losung aus dem letzten Buch der Bibel:

[23] Morgenandacht im Michaeliskloster Hildesheim, März 2013.

Haben wir nicht alle einen Vater? ... In diesem Satz kommt beides vor: Alle und einer. Wir alle und der eine Gott, der hier Vater genannt wird. Die vertrauensvolle Anrede Jesu, das Abba im Vaterunser hat also ihre Wurzeln in der hebräischen Bibel

Was zwischen Menschen nicht funktioniert: alle für einen, einer für alle. Das geht zwischen Gott und Menschen, ein großartiger Gedanke... Ein Gott für uns alle? Selbstverständlich ist das nicht. Geläufig ist eher eine Art Gentlemen-Agreement unter den Religionen. Warum ein Gott für alle? Die Begründung kommt gleich hinterher mit einer zweiten Frage: Hat uns nicht **ein** Gott geschaffen?

Damit scheint fast alles geklärt. Der Verweis auf die Schöpfung ist eine Art Gottesbeweis - aber erstaunlicherweise nicht im Sinne bloßer Faktizität: Wo eine Welt, da auch ein Schöpfer..., wo ein Fluss, da eine Quelle. Es ist mehr, schon hier bei Maleachi: Dieser eine Gott wird Vater genannt, ja sogar: unser aller Vater! Hier klingt schon etwas an von einer Weite, wie wir sie bei Jesaja finden:

Wendet euch zu mir, so werdet ihr gerettet. Aller Welt Enden! Denn ich bin Gott und sonst keiner. Das ist noch mehr: Nicht nur der Schöpfer, auch der Retter der Welt ist er, von Leuten, wie sie unterschiedlicher gar nicht sein können.

Jesus nimmt das im Johannesevangelium verändert auf: *In meines Vaters Hause sind viele Wohnungen - da ist Platz für verschiedene Menschen.* Noch sind wir im Jahr der Toleranz: In den Wohnungen des Höchsten sind nicht verschiedene Götter, in jeder Ecke ein anderer: Zeus und Aphrodite, Shiva und Vishnu und wie sie alle heißen. Aber da ist Platz für Menschen unterschiedlichster Hautfarben und auch unterschiedlicher Gottesvorstellungen....

Ist nicht Einer unser Vater? Hat uns nicht ein Gott geschaffen? Ja, ich glaube an den einen Gott, und ich glaube ihn als den Vater Jesu Christi, der das Prinzip einer für alle in letzter Konsequenz gelebt hat. Er ist der einzige, den ich kenne, der das für sich beanspruchen könnte:

Durch seinen Namen sollen alle gerettet werden, heißt es in der APG, in keinem anderen ist Heil, nicht umsonst heißt er auch Jeschua – Retter. Dieser Linie folgen wir Christen. Wir haben Hoffnung für alle, weil wir ganz auf den Einen setzen. Uns ihm ganz anvertrauen und damit einem

Gott glauben, der gerade nicht hoch im Himmel thront, sondern zu uns Menschen gekommen ist.

Unsere Losung endet gleichwohl mit einer Ermahnung: Warum verachtet ihr einer den anderen? Warum überhebt ihr euch übereinander? Einer ist euer aller Vater!

Ja, auch die sind von Gott gemacht, die anders glauben, beten als du, anders denken und leben als du. Denen andere Dinge wichtig sind… Auch sie sind Gottes Kinder. Auch sie sind seine geliebten Geschöpfe. Deshalb, gerade deshalb gilt: Nimm sie an. Denn Gott hat dich und sie längst angenommen. Das lass ich mir als Heide von einem jüdischen Propheten gerne sagen…

Lobt Gott, den Herrn, ihr Heiden all (EG 293)

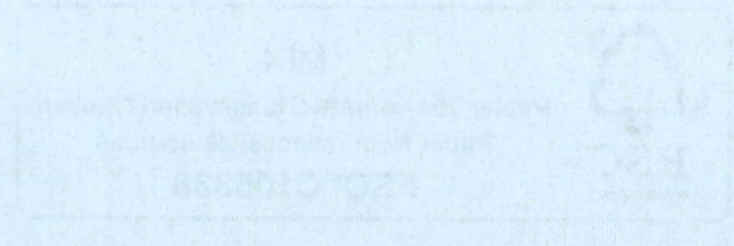

Printed by Books on Demand GmbH, Norderstedt / Germany